Laurence Mériat

Einfach unwiderstehlich!

Wundervolle Kinderkleider selbst genäht

OZ creativ

Vielen Dank an unsere kleinen Mannequins: Eugénie, Lilas, Lucie-Titum, Gaia, Jahia, Mahé, Marius, Rose, Tristan. Danke auch an ihre Eltern: Anne, Alice, Angélique, Franck, Julia, Morgane, Patrick, Pieric, Stéphanie.
Danke an Valérie, Isabelle und das gesamte Team von Temps Apprivoisé für ihr Vertrauen und unsere fruchtbaren und freundschaftlichen Gespräche.
Danke an die kleine Louise und die kleine Héloïse für die Anprobe der Modelle und an Clélia Blagöev für die hübsche Illustration auf Seite 9.
Danke an Sylvine, Annabelle und Manu für die fantastischen Stoffe und Knöpfe.
Danke an Thierry Anrtablian, Julie Boogaerts und an alle Kinder für all diese peppigen Fotos.
Danke an alle, die mich auf meinem Blog so herzlich begleiten, und ein ganz besonderes Dankeschön an Cécile Franconie.

Bis bald auf meinem Blog „Froufrou et capucine" http://froufrouetcapu.canalblog.com (französischsprachig)

Erstveröffentlichung:
LTA, Le Temps Apprivoisé, ein Imprint von Libella
7, rue des Canettes
75006 Paris
http://www.letempsapprivoise.fr

Titel der Originalausgabe: Irrésistibles à coudre. 0 à 3 ans

Redaktionsleitung: Valérie Gendreau
Redaktion: Isabelle Riener
Lektorat: Eva Dolowski
Layout: Anne Bénoliel-Defréville
Fotos: Thierry Antablian, bis auf die Nahaufnahmen Seite 16, 18, 20, 22 (rechts), 24, 26, 28, 30, 34, 37, 38, 42, 44, 48, 50, 52 (rechts), 56, Laurence Mériat
Styling: Julie Boogaerts

Die deutsche Ausgabe erfolgte auf Vermittlung durch Silke Brünink Agency, München.

ISBN 978-3-8410-6306-9
Art.-Nr. OZ6306

Übersetzung: Annegret Hunke-Wormser
Lektorat: Beate Schmitz
Redaktion: Anna Fischer
Umschlaggestaltung und Satz: GrafikwerkFreiburg
Reproduktion: Meyle + Müller, Pforzheim
Druck und Verarbeitung: Proost, Belgien

Vorwort

1, 2, 3 ... mein schöner Rucksack ist dabei
4, 5, 6, 7 ... wo ist bloß mein Rock geblieben
8, 9, 10 ... ohne ihn kann ich nicht gehn.

Und wenn das Ankleiden von kleinen Kindern wirklich so einfach und lustig wäre wie ein Abzählreim?

In diesem Buch finden Sie nicht nur Kleidungsstücke und Accessoires, die kinderleicht zu nähen sind, sondern fröhliche, spielerische Kreationen und Ideen zur individuellen Gestaltung der Garderobe Ihrer Kleinen sowie Schnittmuster in Originalgröße, die Sie nach Belieben abwandeln können.

Jetzt dürfen Sie loslegen!

Inhalt

Das Material 6

Ein bisschen Technik 8

Hemdchen mit Knöpfen 16

Kuschelig weiche Weste 18

Wickelbluse 20

Wickelkleid zum Wenden 22

Tunika 24

Gelbes Sweatshirt 26

Ballonrock 28

Weiter Rock 30

Poppige Hose 34

Gekräuselte Haremshose 38

Allround-Matrosenhemd 40

Rucksack 42

Warmer Poncho 44

Kapuzenjacke 46

Elegante Hose 48

Lustige Kappe 50

Nachtwäsche 52

Badetuch mit Blümchen 54

Pfiffige Blusenschürze 56

Wickeltasche 58

Das Material

DIE STOFFE

Fröhliche Stoffe in bunten Farben, große, runde Knöpfe, originelle Borten ... mehr braucht man nicht, um die Kleinen niedlich anzuziehen. Zögern Sie nicht, einen anderen als den empfohlenen Stoff, zum Beispiel einen gemusterten, gestreiften oder gepunkteten, zu verwenden.

- **Baumwolle:** ein weicher, bequemer und natürlicher Stoff, der leicht zu verarbeiten ist.
- **Leinen:** ein anfangs etwas rauer Stoff, der mit dem Waschen weicher wird und sehr angenehm zu tragen ist. Röcke und Hosen werden schön knitterig, Tuniken und Kleider sehen durch den Fall edel aus.
- **Cord:** breit oder fein gerippt eignet sich dieser Stoff besonders für Hosen, Röcke und Kleider, mit sehr feinen Rippen auch für Babysachen.
- **Walkstoff:** schöner und warmer Stoff, perfekt geeignet für Westen und Ponchos für den Übergang. Wie jeder Wollstoff ist er allerdings ein wenig kratzig. Da er nicht ausfranst, kann man sich den Saum sparen, was die Arbeit ungemein erleichtert.
- **Fleece:** synthetischer Stoff aus recycelten Materialien, der das ganze Jahr über schön warm hält.
- **Jersey:** herrlich weiches und dehnbares Material, aber nicht immer leicht zu verarbeiten. Verwenden Sie weniger dehnbaren Jersey oder legen Sie beim Nähen eine Lage Seidenpapier unter den Stoff.
- **Frottier:** die kleinen Schlingen auf der Oberfläche dieses Materials nehmen Feuchtigkeit auf, deshalb ideal für Bademäntel, Lätzchen oder Handtücher.
- **Beschichteter Stoff:** vielseitig verwendbar für Regenkleidung, Taschen, Lätzchen ... Genau wie Jersey etwas komplizierter zu verarbeiten, deshalb eine Lage Seidenpapier auf die beschichtete Seite legen und nach dem Nähen wieder entfernen.
- **Webpelz:** mit ihm kann man Westen füttern, die Schultern schön warm halten und Kleidungsstücke und Accessoires fantasievoll gestalten.

DIE KURZWAREN

Zunächst braucht man ein festes, farblich zum Stoff passendes oder kontrastfarbenes Nähgarn. Mit hübschen Borten, Schrägband, bunten Biesen, Knöpfen und Stoffstempeln und ein wenig Fantasie lässt sich eine wunderbar individuelle Garderobe zaubern. Praktische Helfer sind außerdem Gummibänder in mehreren Breiten, Einlagen zum Aufbügeln und Molton zum Verstärken, eine gute scharfe Stoffschere, Stecknadeln zum Fixieren der Stofflagen, Seidenpapier und ein Bleistift zum Abpausen der Schnittmuster sowie Stoffkreide zum Übertragen der Schnittmuster auf den Stoff.

ABER AUCH ...

Eine Nähmaschine, die ruhig einfach sein darf. Eine Vielzahl von Zierstichen oder technischer Schnickschnack sind nicht erforderlich. Die Option „automatisches Knopfloch" oder ein Paspelfuß können sich jedoch als sehr praktisch erweisen. Nehmen Sie sich die Zeit, das Handbuch sorgfältig zu lesen. Oft übergeht man diesen Schritt, der für die Handhabung der Maschine und damit das Gelingen der Arbeit aber sehr wichtig ist.

Und vor allem!

Lassen Sie Ihrer Fantasie freien Lauf! Kombinieren Sie Muster und Motive und vertrauen Sie Ihrem Geschmack.

Das ist wichtig!

Die Maßangaben in diesem Buch gelten für 140 cm breite Stoffe. Vergessen Sie nicht, die Stoffbreite vor dem Zuschneiden zu prüfen.

Ein wenig Technik

Learning-by-Doing gilt auch fürs Nähen. Einige Tipps und Tricks sind aber am Anfang sehr nützlich.

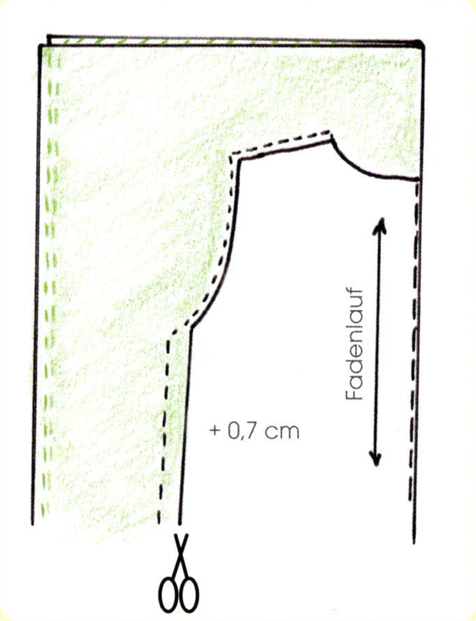

DAS SCHNITTMUSTER

1. Pausen Sie das Schnittmuster entlang der Linie für die gewünschte Größe auf Seidenpapier ab. Überprüfen Sie die Körpermaße des Kindes und vergleichen Sie sie mit den Angaben in der unten stehenden Tabelle. Verändern Sie die Länge, falls erforderlich – jedes Kind ist anders.
Abweichende Angaben für die verschiedenen Größen – z. B. beim Stoffverbrauch – stehen von der kleinsten bis zur größten Größe hintereinander.

Größe auf dem Schnittbogen	**6 Monate**	**12 Monate**	**18 Monate**	**24 Monate**	**36 Monate**
1. Körpergröße	67 cm	74 cm	81 cm	86 cm	94 cm
2. Brustumfang	43 cm	47 cm	50 cm	52 cm	54 cm
3. Taillenumfang	44 cm	46 cm	48 cm	50 cm	52 cm
4. Rückenlänge (vom Halswirbel bis zur Taille)	17 cm	18,5 cm	20 cm	22 cm	23 cm
5. Armlänge (vom Schulterpunkt bis zur Handwurzel)	22,5 cm	25 cm	27,5 cm	30 cm	32,5 cm
6. Länge von der Taille bis zum Knie	20 cm	22,5 cm	25 cm	27,5 cm	30 cm
7. Seitenlänge (von der Taille bis zum Boden)	37 cm	42 cm	47 cm	52 cm	57 cm
8. Kopfumfang	45 cm	47 cm	49 cm	51 cm	52 cm

2. Legen Sie den Stoff dann der Länge nach doppelt (die Webkanten liegen aufeinander) und platzieren Sie die Schnittteile auf dem Stoff. Beachten Sie dabei den auf dem Schnittteil eingezeichneten Pfeil, der den Fadenlauf anzeigt und parallel zur Webkante verläuft. Bei einigen Schnittteilen ist auf dem Bogen nur die Hälfte gezeichnet, weil sie mit der gestrichelten Linie an den Stoffbruch (= Faltkante des Stoffs) gelegt werden müssen, um beim Auseinanderfalten ein ganzes Stoffteil zu ergeben. Andere Schnittteile, zum Beispiel die Ärmel, werden aus doppelt liegendem Stoff zugeschnitten, um Zeit zu sparen. Achten Sie auf die Ausrichtung der Motive, wenn Sie das Schnittteil auf den Stoff legen.
3. Stecken Sie das Schnittteil mit Stecknadeln auf den Stoff und zeichnen Sie den Umriss mit Schneiderkreide nach. Beim Zuschneiden die Nahtzugaben nicht vergessen (0,7 cm für die meisten Nähte und 2 cm für Säume).

Das ist wichtig!
Die Schnittteile in Originalgröße (beigelegter Schnittmusterbogen) haben keine Nahtzugaben. Bei den anderen Teilen, deren Maße in den Anleitungen angegeben sind, sind die Nahtzugaben bereits enthalten und die Maße immer in „Höhe x Breite" angegeben.

ECKEN ZURÜCKSCHNEIDEN UND RUNDUNGEN EINSCHNEIDEN

• Für eine schöne Spitze (zum Beispiel bei einer Tasche) die Nahtzugaben an der Ecke diagonal zurückschneiden, damit die Ecke nach dem Wenden auch wirklich sauber und spitz ist (**1**).

• Bei Rundungen (zum Beispiel am Halsausschnitt) die Nahtzugaben vor dem Wenden bis 1 mm vor der Naht in gleichmäßigen Abständen einschneiden, um Falten zu vermeiden (**2**).

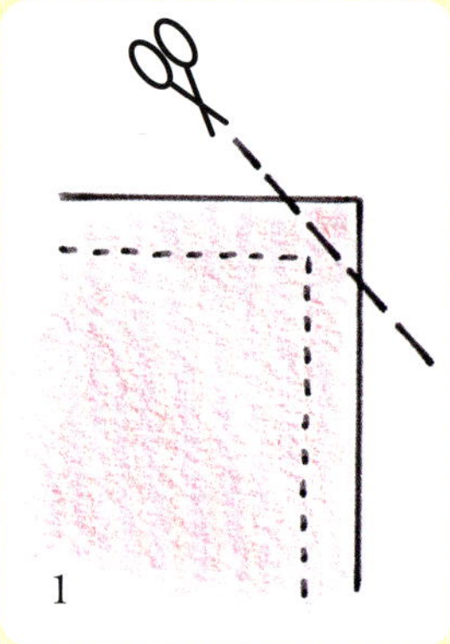

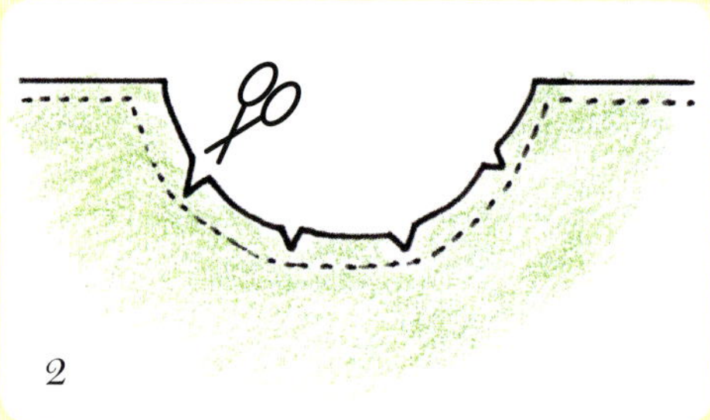

KRÄUSELFALTEN

Kräuselfalten, die häufig für Röcke verwendet werden, verleihen einem Kleidungsstück Weite. Die Technik ist nicht kompliziert, erfordert nur ein wenig Zeit und Genauigkeit.

1. Über die gesamte Stofflänge, 0,5 cm von der Kante entfernt, mit einem großen Geradstich nähen, dabei die Fäden am Anfang und Ende nicht verriegeln. Darunter eine zweite Naht mit großem Geradstich nähen, diesmal 0,7 cm von der ersten Naht entfernt.
2. Gleichzeitig an den beiden Oberfäden an der linken Seite ziehen und den Stoff kräuseln. Diesen Schritt an der rechten Seite wiederholen und die Kräuseln auf die gewünschte Stoffweite verteilen.
3. Zwischen den beiden Kräuselfäden die beiden Stofflagen aufeinandersteppen, dabei liegt der gekräuselte Stoff oben, dann die Kräuselfäden entfernen.

SCHRÄGSTREIFEN

Sie können fertiges Schrägband kaufen oder den Streifen selbst diagonal zum Fadenlauf des Stoffs (dadurch wird er dehnbar) 4 cm breit zuschneiden und der Länge nach in vier gleiche Teile falten (hierfür gibt es auch Schrägbandformer). Der Schrägstreifen wird in 2 Schritten an das Kleidungsstück genäht:

1. Den Schrägstreifen vollständig öffnen, die rechte Seite des Streifens auf die linke Seite des Stoffs stecken, sodass die Kanten bündig aufeinanderliegen, und den Streifen 1 cm breit feststeppen (**1**).
2. Den Schrägstreifen zur rechten Stoffseite falten und 1 mm neben der inneren Bruchkante absteppen (**2**).

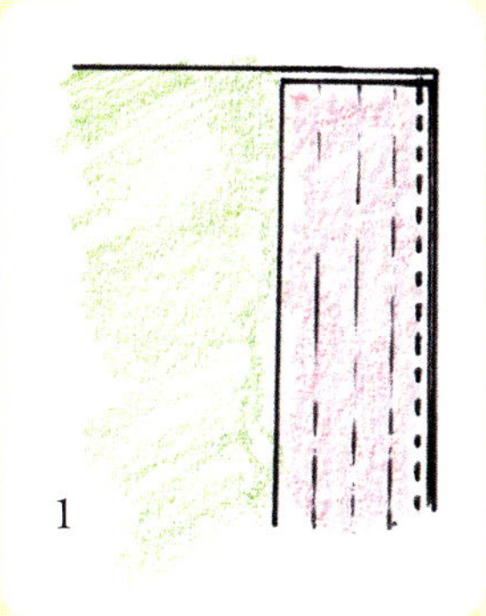

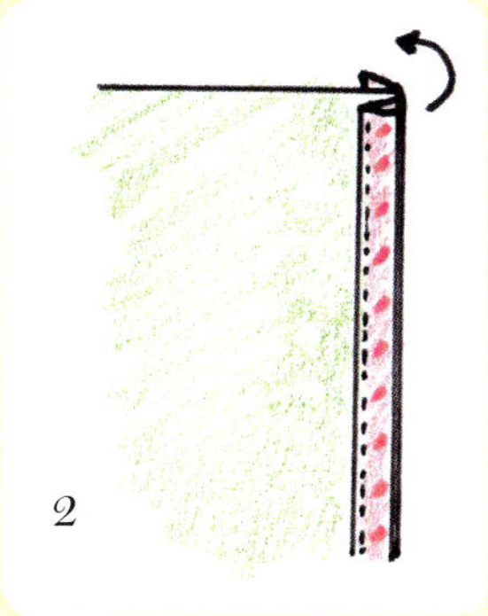

DIE KORDELPASPEL

Diese Paspeln kann man zur Verzierung zwischen zwei Stoffteile nähen. Man kann sie fertig kaufen oder selbst anfertigen:

1. Den Stoffstreifen wie einen Schrägstreifen zuschneiden, aber nur zur Hälfte falten (siehe unten).
2. Zwischen die beiden Stofflagen entlang der gefalteten Kante eine Kordel mit passendem Durchmesser legen.
3. Dicht neben der Kordel absteppen, dazu einen Paspelfuß (falls vorhanden) oder einen schmalen Steppfuß oder Reißverschlussfuß verwenden. Dann den Streifen zwischen zwei Stoffteile nähen.

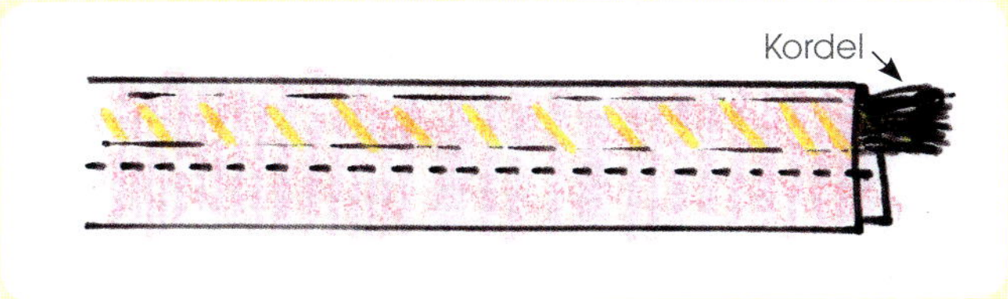

APPLIKATIONEN

1. Die gewünschte Form grob aus doppelseitig aufbügelbarem Vlies ausschneiden und auf die linke Stoffseite des Applikationsstoffes bügeln. Die exakten Umrisse (gespiegelt!) auf die Papierseite zeichnen.
2. Die Form sorgfältig ausschneiden, das Schutzpapier abziehen und die Applikation mit der rechten Seite nach oben auf die gewünschte Stelle legen, mit einem feuchten Tuch abdecken und aufbügeln.
3. Rundherum mit engen Zickzackstichen aufnähen. Bei Jersey Seidenpapier unter den Stoff legen, das nach dem Nähen entfernt wird, so bleibt der Jersey in Form.

RIEGEL MIT KNOPF

1. 2-mal den Riegel (siehe Vorlage auf. S. 62) aus Stoff und 1-mal aus aufbügelbarer Einlage zuschneiden.
2. Die Einlage auf die linke Stoffseite eines Teils bügeln, die beiden Riegel rechts auf rechts aufeinandersteppen, dabei die kurze gerade Kante offen lassen. Wenden, an der Öffnung die Nahtzugabe nach innen einschlagen und den Riegel rundherum absteppen, so wird auch die Öffnung geschlossen.
3. Ein Knopfloch in der Größe des Knopfes nähen.

DAS VERSTELLBARE BÜNDCHEN

Für dieses Bündchen wird ein Stoffstreifen auf die Innenseite des Bunds genäht, sodass ein Tunnel entsteht. In diesen Tunnel wird ein Knopfloch-Gummiband eingezogen, das an einem Ende mit einer Naht und am anderen mit einem Knopf fixiert wird. Es ist vor allem bei den ganz Kleinen sehr praktisch, weil ihre Hüften noch nicht ausgeprägt sind und Hosen und Röcke leicht rutschen.

1. Einen 4,5 cm breiten Stoffstreifen im Umfang des Kleidungsstücks plus 2 cm zuschneiden. Die lange untere (wichtig bei gemusterten Stoffen) Kante und die Schmalseiten 1 cm breit nach links umbügeln.
2. Die obere Kante rechts auf rechts auf die obere Kante des Kleidungsstücks steppen, dabei stoßen die Enden des Streifens aneinander.
3. Den Streifen auf die linke Seite des Kleidungsstücks falten, die obere Kante bügeln und den Streifen entlang der unteren Kante (= eingebügelter Bruch) absteppen.
4. Das Gummiband mithilfe einer Sicherheitsnadel in den Tunnel ziehen und ein Ende festnähen. Den Knopf über dem fixierten Gummibandende annähen und die Weite mit dem Gummiband regulieren.

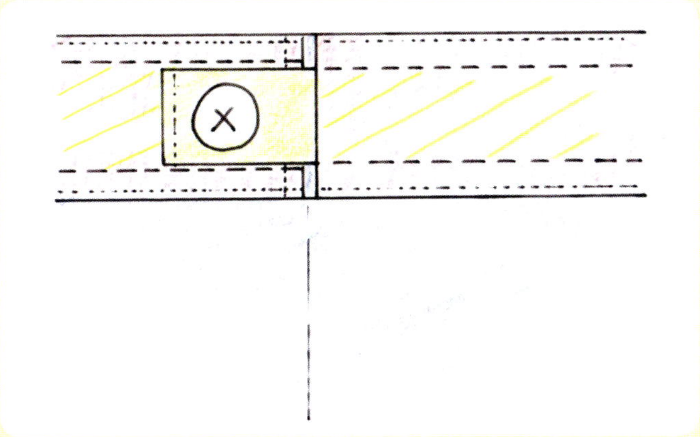

TIPPS UND TRICKS

Wenn Sie unsicher sind, machen Sie eine Nähprobe mit einem alten Stück Stoff, bevor Sie in den schönen neuen Stoff schneiden. Und nicht vergessen: Man lernt durch Fehler!

DAS VERSÄUBERN

Damit die Stoffkanten nicht ausfransen, versäubern Sie sie an der Nähmaschine (mit Zickzack-Stichen oder einem anderen Stich, je nach Material) oder mit der Overlock, falls Sie eine solche Maschine besitzen. Werden die Nahtzugaben auseinandergebügelt, die Stoffkanten vor dem Zusammennähen einzeln versäubern. Nahtzugaben, die in eine Richtung gebügelt werden, nach dem Nähen zusammen versäubern.

Ein Kinderspiel

Für unsere Kleinsten zu nähen ist kinderleicht.
Und es macht so viel Freude, sie jeden Tag
in unseren selbstgenähten Kreationen herumtollen zu sehen.

1 … 2 … 3, los geht's!

Hemdchen mit Knöpfen

Ob Junge oder Mädchen, dieses im Rücken geknöpfte Hemdchen macht allen Spaß, weil man es problemlos an- und ausziehen kann.

GRÖSSEN

6 Monate, 1 Jahr, 18 Monate, 2 Jahre, 3 Jahre

MATERIAL

- *Stoff (leichter Baumwollstoff oder feiner Cord): 40 cm (45/45/50/50 cm)*
- *Schrägstreifen: ca. 40 cm*
- *4 Knöpfe für den Rücken und 2 Zierknöpfe*

Schnittteile auf Bogen 2

ZUSCHNEIDEN

1. 1-mal das Vorderteil im Stoffbruch und je 2-mal das Rückenteil und die Ärmel zuschneiden. Dabei an den Rückenteilen in der hinteren Mitte jeweils 4 cm für die Knopfleiste zugeben.

NÄHEN

1. Rückenteile rechts auf rechts auf das Vorderteil legen und die Schulternähte schließen. Die Ärmel mit den Armkugeln rechts auf rechts annähen, dabei darauf achten, dass die Vorderseiten der Ärmel an das Vorderteil genäht werden. Die Ärmelmitte trifft auf die Schulternaht.

2. Die Ärmel- und die Seitennähte rechts auf rechts schließen.

FERTIGSTELLEN

1. Die Längskanten der Rückenteile 1 und 3 cm breit nach links umbügeln und die Blende an der Außenkante und der Kante des Umschlags schmal absteppen.

2. Das Schrägband an den Halsausschnitt nähen, siehe Seite 11, dabei die Enden vor dem Annähen jeweils 1 cm breit nach links einschlagen und das Band beim Annähen an den Rundungen etwas dehnen. Die Ärmel- und Tunikasäume 2-mal 1 cm breit nach links umbügeln und absteppen.

3. Das obere Knopfloch 1 cm unterhalb des Schrägbands, die anderen 3 mit jeweils gleichem Abstand zueinander auf eine Blende am Rückenteil nähen. Die vier Knöpfe auf die gegenüberliegende Blende und die beiden Zierknöpfe auf das Vorderteil nähen.

TIPPS UND TRICKS

Sie können diese klassische Tunika mit kleinen Taschen, Schleifen, Borten oder Spitzen individuell gestalten. Lassen Sie Ihrer Fantasie freien Lauf!

LOVE

Kuschelig weiche Weste

Genau das Richtige für kühlere Tage – ein echtes Schmuseteil!

GRÖSSEN

6 Monate, 1 Jahr, 18 Monate, 2 Jahre, 3 Jahre

MATERIAL

- *2 verschiedene Stoffe (Webpelz und gemusterter Stoff): jeweils 35 cm (40/45/50/55 cm)*
- *2 große Knöpfe (oder 4 für eine Weste zum Wenden)*
- *Knopfschlinge (Borte oder gewachste Baumwollkordel): 15 cm, halbiert*

Schnittteile auf Bogen 1

ZUSCHNEIDEN

Die Schnittmuster an der Unterkante bis zur gestrichelten Linie und an der vorderen Mitte bis zur eingezeichneten Linie für die Weste kopieren.
Aus beiden Stoffen je 2-mal das Vorderteil und das Rückenteil 1-mal im Stoffbruch zuschneiden.

NÄHEN

1. Die Schulternähte beider Westen rechts auf rechts schließen.
2. Die beiden Knopfschlingen und die Borten (Schlaufen nach innen, Bandenden an der Stoffkante) an der gewünschten Stelle rechts auf rechts auf die Weste (Außenstoff) stecken oder auf der Nahtzugabe festnähen.
Die beiden Westen rechts auf rechts aufeinanderlegen und die vorderen Kanten und die Ausschnittkanten aufeinandernähen, dabei an der unteren Kante eines Vorderteils beginnen und bis zur unteren Kante des anderen Vorderteils nähen.
3. Die Armausschnitte rechts auf rechts aufeinandersteppen.
4. Die Weste wenden, dabei werden die Vorderteile durch die Schultern gezogen, und bügeln.
5. Die Seiten auseinanderziehen und jeweils Vorder- und Rückenteil des Futters und des Webpelzes rechts auf rechts aufeinanderlegen und mit einer durchgehenden Naht die Seitennähte schließen.
6. Die beiden Westen am Saum rechts auf rechts zusammennähen, dabei ein Stück Naht offen lassen. Die Weste wenden und die Öffnung mit kleinen unsichtbaren Stichen von Hand schließen.

FERTIGSTELLEN

Die Knöpfe passend zu den Schlingen annähen. Für eine Wendeweste auch auf der Innenseite zwei Knöpfe annähen.

TIPPS UND TRICKS

Doppelt gelegte Borten, die wie die Knopfschlingen eingenäht werden, machen den Unterschied zwischen Mädchen- oder Jungenweste aus.

Wickelbluse

Eine frische, sommerliche Wickelbluse aus leichtem Baumwollstoff mit hübschen Flügelärmeln.

GRÖSSEN

6 Monate, 1 Jahr, 18 Monate, 2 Jahre, 3 Jahre

MATERIAL

- *Leichter Baumwollstoff: 35 cm (40/45/50/55 cm)*
- *Schrägband: 190 bis 300 cm, je nach Größe*

Schnittteile auf Bogen 1 und Vorlage für die Flügelärmel auf S. 62

ZUSCHNEIDEN

1. Vorderteil und Ärmel je 2-mal und das Rückenteil 1-mal im Stoffbruch zuschneiden.

NÄHEN

1. Die Schulternähte rechts auf rechts zusammennähen.
2. Die runden Kanten der Flügelärmel schmal säumen.
3. Die geraden Kanten der Ärmel einkräuseln, sodass leichte Falten entstehen, siehe Foto.

4. Vom Schrägband 2 Stücke in Armausschnittweite abschneiden. Längs jeweils ca. ein Viertel des Bandes abschneiden, sodass nur 2 Faltenbrüche übrigbleiben und das Band nicht so aufträgt.
5. Teile so aufeinanderlegen:
– Bluse, rechte Seite oben
– Flügelärmel, linke Seite oben, mit dem Saum Richtung Halsausschnitt
– darauf das vorbereitete und auseinandergefaltete Schrägbandstück, sodass die Schnittkanten der Teile aufeinanderliegen.
6. 0,7 cm von der Kante entfernt steppen, die Ärmel wenden, sodass sie nach außen zeigen. Das Schrägband nach innen falten und entlang des Bruchs aufnähen.
7. Vor dem Zusammennähen die Seitenkanten getrennt versäubern, dann die Seitennähte rechts auf rechts schließen, dabei auf jeder Seite 4 cm unterhalb des Armausschnitts eine 3 cm große Öffnung lassen (für den Durchzug der Bindebänder).

FERTIGSTELLEN

1. Die untere Kante der Bluse 2-mal 1 cm breit und die kurzen Längskanten der Vorderteile 2-mal 0,5 cm breit nach links umschlagen und feststeppen.
2. Mit dem restlichen Schrägband den Halsausschnitt einfassen (siehe S. 11, Bandmitte trifft auf Rückenmitte) und auf beiden Seiten als Bindebänder verlängern.

Wickelkleid zum Wenden

Abrakadabra: aus eins mach zwei. Diese längere Version der Wickelbluse ergibt gleich zwei luftige Kleidchen.

GRÖSSEN

6 Monate, 1 Jahr, 18 Monate, 2 Jahre, 3 Jahre

MATERIAL

- *2 unterschiedliche Stoffe (Baumwolle, Leinen ...): je 50 cm (55/60/65/70 cm)*
- *Spitze: 70 bis 100 cm, je nach Größe*
- *Schrägband: 150 bis 170 cm, je nach Größe, in 2 gleich lange Stücke geschnitten*

Schnittteile auf Bogen 1 und Vorlage für die Tasche auf S. 62

Das gleiche Wickelkleid, aber nicht zum Wenden und aus Walkstoff zugeschnitten, ist ruckzuck genäht.

ZUSCHNEIDEN

1. Aus beiden Stoffen das Vorderteil 2-mal und das Rückenteil 1-mal im Stoffbruch zuschneiden.

NÄHEN

1. An beiden Kleidern getrennt voneinander die Schulternähte rechts auf rechts schließen.
2. Die Bruchkanten der Schrägbänder aufeinandernähen, sodass die Bindebänder entstehen.
3. Die Kleider rechts auf rechts aufeinanderlegen und die vorderen Kanten und die Halsausschnittkanten aufeinandersteppen. Dabei darauf achten, die beiden Bindebänder unterhalb der Ecken der Vorderteile mitzufassen (die Bänder liegen jeweils innen zwischen den Kleidern, je ein Bandende liegt an der Kante des Vorderteils und wird mitgefasst).
4. Die Armausschnitte rechts auf rechts schließen.
5. Das Kleid wenden, dafür die Vorderteile durch die Schultern ziehen (das kann eng werden, aber es geht!) und bügeln.
6. Die Seitennähte von Innen- und Außenkleid jeweils in einem Arbeitsgang rechts auf rechts schließen, dabei treffen jeweils Anfang und Ende des Armausschnitts aufeinander. (Diesmal keine Öffnung lassen, Knopflöcher für die Bindebänder werden gleich genäht).

FERTIGSTELLEN

1. Die Nahtzugaben der Seitennähte auseinanderbügeln, dann die Nähte von Innen- und Außenkleid exakt links auf links aufeinanderlegen und auf jeder Seite 4 cm unterhalb des Armausschnitts ein Knopfloch (2,5 cm groß) arbeiten.
2. Die unteren Saumkanten beider Kleider rechts auf rechts aufeinandernähen, dabei eine ca. 15 cm große Wendeöffnung lassen. Die Nahtzugaben an den vorderen Ecken zurückschneiden, das Kleid wenden.
3. Alle Kanten schmal absteppen, dabei die Wendeöffnung schließen und die Spitze an den Halsausschnitt nähen. An der vorderen Kante die Spitze entweder etwas nach links einschlagen oder mit einem engen Zickzackstich aufnähen.

TIPPS UND TRICKS

Auch dieses Kleid kann mit Flügelärmeln genäht werden (siehe S. 52, Nachthemd). Die Ärmel einfach vor dem Nähen der Armausschnitte zwischen Außen- und Innenkleid schieben.

Tunika

Ein niedliches Oberteil, das in allen Farben süß aussieht – und vor allem den Kleinen gefällt, weil es sich leicht an- und ausziehen lässt.

GRÖSSEN

6 Monate, 1 Jahr, 18 Monate, 2 Jahre, 3 Jahre

MATERIAL

- *Stoff (Baumwolle, Leinen, Cordsamt ...): 65 cm, (70/75/80/85 cm)*
- *Kordel oder Borte: 7 cm*
- *1 Knopf*

Schnittteile auf Bogen 2

ZUSCHNEIDEN

1. Das Schnittteil für die Ärmel um 5 cm kürzen.

2. 2-mal im Stoffbruch zuschneiden: obere Rückenpasse, Unterteil (vorderes und rückwärtiges Unterteil sind identisch, die Weite des Unterteils ist für alle Größen gleich).

3. Die Ärmel 2-mal und die vordere Passe 4-mal zuschneiden (2 rechte und 2 linke Teile).

DIE PASSE

Die Passe besteht aus einer Außenseite und einem identischen Innenteil, das als Futter dient.

1. Jeweils 2 Vorderteile rechts auf rechts auf 1 Rückenteil legen und die Schulternähte steppen.

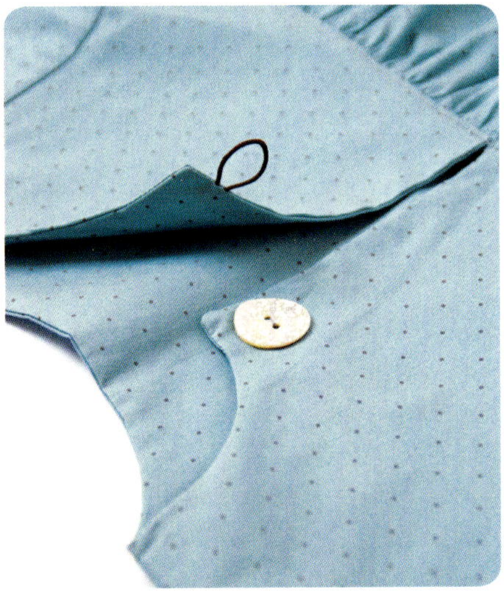

Die Anleitung für den passenden Rock finden Sie auf S. 28.

2. Diese beiden identischen Teile rechts auf rechts aufeinanderlegen und an den vorderen Kanten und dem Halsausschnitt aufeinandersteppen. Dabei die Knopfschlinge mit der Schlaufe nach innen zwischen die beiden Lagen eines der beiden Vorderteile schieben. Nahtzugaben an den Ecken zurückschneiden, die Passe wenden und sorgfältig bügeln. Eventuell die offenen Kanten 0,5 cm breit aufeinandersteppen, Außen- und Innenteil werden beim weiteren Nähen wie ein Teil behandelt.

ZUSAMMENSETZEN

1. Die Oberkanten der beiden Unterteile einkräuseln (siehe S. 10), bis sie die Weite der unteren Kante der vorderen bzw. rückwärtigen Passe haben.

2. Die rückwärtige Passe rechts auf rechts auf eines der eingekräuselten Unterteile steppen. Die vorderen Passen rechts auf rechts an das andere Unterteil steppen, dabei darauf achten, dass die beiden Vorderteile in der Mitte aneinanderstoßen, ohne sich zu überlappen.

3. Die Ärmel rechts auf rechts an das Oberteil steppen.

4. An den unteren Ärmelkanten beginnend die Ärmel- und Seitennähte der Tunika schließen.

FERTIGSTELLEN

Die unteren Kanten der Ärmel und der Tunika jeweils 2x 1 cm breit nach links umschlagen und absteppen. Den Knopf passend zur Schlinge an der gegenüberliegenden Seite annähen.

TIPPS UND TRICKS

Längere Ärmel, ein dickerer Stoff, eine Paspel und eine Applikation, und schon wird aus der Tunika ein bequemes Sweatshirt (siehe S. 26).

24 34 53 79 86
1 14 49 66 70
6 25 44 58 69
13 23 36 57 84
7 47 62 75 89
10 38 45 69 79
16 26 44 66 88
3 29 54 60 70
8 35 42 56 87
14 24 37 65 77
5 21 48 78 81
1 33 49 59 67

Gelbes Sweatshirt

Ein dickerer Stoff, lange Ärmel und eine lustige Applikation – und schon entsteht nach dem Schnitt für die Tunika ein mollig warmes Sweatshirt.

GRÖSSEN

6 Monate, 1 Jahr, 18 Monate, 2 Jahre, 3 Jahre

MATERIAL

- *Stoff (fester Jersey, Fleece, Walkstoff): 65 cm (70/75/80/85 cm)*
- *Paspel: ca. 75 cm*
- *Eventuell passendes Schrägband für die Ärmelsäume: 45 cm*
- *Applikationsstoff: 6 x 9 cm*
- *Doppelseitig aufbügelbares Vies: 6 x 9 cm*
- *Kordel oder Borte: 7 cm*
- *1 Knopf als Verschluss*
- *Eventuell 2 Knöpfe für die Räder*

Schnittteile auf Bogen 2

ZUSCHNEIDEN

1. 2-mal im Stoffbruch zuschneiden: Rückenpasse, Unterteil (vorderes und rückwärtiges Unterteil sind identisch). Die Ärmel 2-mal und 4-mal die vordere Passe zuschneiden (2 rechte und 2 linke Teile). Der Stoff für das Innenteil der Passe kann durch einen leichten Baumwollstoff ersetzt werden.

DIE PASSE

Die Passe besteht aus einer Außenseite und einem identischen Innenteil, das als Futter dient.

1. Jeweils 2 Vorderteile rechts auf rechts auf 1 Rückenteil legen und die Schulternähte steppen.

2. Diese beiden identischen Teile rechts auf rechts aufeinanderlegen und an den vorderen Kanten und dem Halsausschnitt aufeinandersteppen. Dabei die Knopfschlinge mit der Schlaufe nach innen zwischen die Lagen eines der beiden Vorderteile schieben. Nahtzugaben einschneiden, an den Ecken zurückschneiden, die Passe wenden und sorgfältig bügeln. Eventuell die offenen Kanten 0,5 cm breit aufeinandersteppen, Außen- und Innenteil werden beim weiteren Nähen wie ein Teil behandelt.

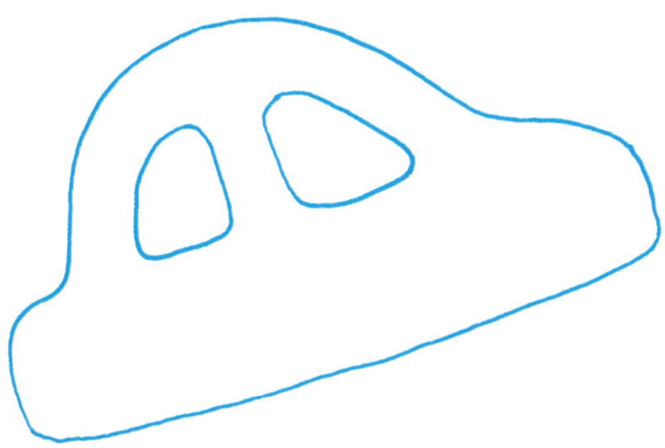

DIE APPLIKATION

Nähen Sie die Applikation an der Stelle auf, an der sie Ihnen am besten gefällt, siehe Seite 12. Hier haben wir 2 Knöpfe als Räder verwendet.

ZUSAMMENSETZEN

1. Den Paspelstreifen teilen und rechts auf rechts an die Oberkanten der Unterteile nähen. Die Schnittkanten der Paspel und der Unterteile liegen dabei jeweils aufeinander.

2. Die rückwärtige Passe rechts auf rechts auf eines der Unterteile steppen. Die vorderen Passen rechts auf rechts an das andere Unterteil steppen, dabei darauf achten, dass die beiden Vorderteile in der Mitte aneinanderstoßen, ohne sich zu überlappen.

3. Die Ärmel rechts auf rechts an das Oberteil steppen.

4. An den unteren Ärmelkanten beginnend die Ärmel- und Seitennähte des Sweatshirts schließen.

FERTIGSTELLEN

Die Ärmel- und Sweatkanten 2-mal 1 cm breit nach links umschlagen und absteppen (oder die Ärmelkanten mit Schrägband einfassen, siehe Seite 11). Den Knopf passend zur Schlinge an der gegenüberliegenden Seite annähen.

TIPPS UND TRICKS

Für sommerliche Temperaturen können Sie dieses Modell aus Leinen oder leichter Baumwolle nähen.

Ballonrock

Einfach süß für niedliche kleine Mädchen!

GRÖSSEN

6 Monate, 1 Jahr, 18 Monate, 2 Jahre, 3 Jahre

MATERIAL

- *Einfarbiger oder geblümter Stoff für den Außenrock: 30 cm (35/40/45/50 cm). Zuschnitt: 1 Rechteck (A): 10 x 66 cm (11 x 68 cm/12 x 70 cm/ 13 x 72 cm/14 x 74 cm) 1 Rechteck (B): 17 x 126 cm (21 x 128 cm/25 x 130 cm/ 29 x 132 cm/33 x 134 cm)*
- *Futter: 25 cm (30/35/40/45 cm). Zuschnitt: 1 Rechteck (C): identisch mit Rechteck A 1 Rechteck (D): 12 x 96 cm (16 x 98 cm/20 x 100 cm/ 24 x 102 cm/28 x 104 cm)*
- *Paspel: 70 cm (siehe S. 11)*
- *Knopfloch-Gummiband: 50 cm*
- *1 Knopf*

Besonders hübsch wird der Ballonrock aus einem etwas festeren Stoff wie Babycord.

DER AUSSENROCK UND DAS FUTTER

1. Den Paspelstreifen rechts auf rechts an die Unterkante des Rechtecks A nähen. Die Schnittkanten der Paspel und des Streifens liegen dabei jeweils aufeinander.
2. Die obere Stoffkante des Rechtecks B auf die Weite des Rechtecks A einkräuseln. Die gekräuselte Stoffkante rechts auf rechts auf die untere Kante von Rechteck A stecken.
3. Die Teile zwischen den beiden Kräuselfäden und dabei so nah wie möglich an der Paspel zusammennähen. Dann die Kräuselfäden entfernen.
4. Die Schritte 2 und 3 mit den beiden Rechtecken des Futters wiederholen.

ZUSAMMENSETZEN

1. Die untere Stoffkante von Rechteck B auf dieselbe Weite einkräuseln wie Rechteck D, beide Teile rechts auf rechts aufeinanderstecken und zusammennähen.
2. Die oberen Stoffkanten der beiden Röcke rechts auf rechts zusammennähen: Sie erhalten einen Schlauch.
3. Ein Ende in den Schlauch schieben, sodass beide Seitenkanten rechts auf rechts aufeinanderliegen.
4. Die Seitenkanten 0,5 cm breit steppen, dabei im Futter an der oberen Kante einen 2,5 cm breiten Schlitz für den Durchzug des Gummibands und weiter unten eine 10 cm breite Öffnung zum Wenden des Rocks lassen.

FERTIGSTELLEN

1. Den Rock wenden und die Wendeöffnung von Hand mit unsichtbaren Stichen schließen.
2. Die obere Kante 3 cm breit absteppen, sodass ein Tunnel entsteht, das Gummiband einziehen und den Bund wie auf Seite 13 beschrieben fertigstellen.

TIPPS UND TRICKS

Die Paspel ist vielleicht nicht einfach anzunähen, wenn man seine ersten Nähversuche unternimmt. Leichter ist es, eine Spitze aufzunähen. Falls Sie eine Paspel einsetzen, vergessen Sie nicht, dass Sie sie selbst nähen und die Farbe dann frei wählen können (siehe S. 11).

Weiter Rock

Ein lustiger Überrock sorgt für zusätzliches Volumen, lebhafte Farben geben dem Rock richtig viel Schwung. Und leicht zu nähen ist er auch.

GRÖSSEN

6 Monate, 1 Jahr, 18 Monate, 2 Jahre, 3 Jahre

MATERIAL UND ZUSCHNITT

- *Für den Überrock:*
  gemusterter Stoff:
  1 Rechteck à 20 x 98 cm (23 x 102 cm/26 x 106 cm/ 29 x 110 cm/32 x 114 cm)
- *Für den Rock:*
  einfarbiger Stoff:
  1 Rechteck à 30 x 98 cm (33 x 102 cm/36 x 106 cm/ 39 x 110 cm/42 x 114 cm)
- *1,5 cm breites Gummiband: etwa 35 bis 45 cm*

TIPPS UND TRICKS

Ein Stück Webband – zur Hälfte gefaltet und in der Seitennaht mitgefasst – oder mit Stofffarbe aufgedruckte Motive geben dem Ganzen einen besonderen Pfiff.

NÄHEN

1. Die untere Kante und die Seiten des gemusterten Rechtecks 2-mal 1 cm breit nach links einschlagen und absteppen. (Überrock).

2. Das Rechteck aus einfarbigem Stoff (Rock) rechts auf rechts zur Hälfte legen, sodass die schmalen Seiten aufeinanderliegen. Die Seitennaht mit 1 cm Nahtzugabe schließen, dabei an der oberen Kante 1 cm nähen, für den Gummidurchzug 2 cm offen lassen und dann den Rest der Naht schließen. Für die Symmetrie die andere Seite (= Rechteckmitte) ebenfalls 1 cm breit abnähen.

3. Die rechte Seite des Überrocks so auf die linke Seite des Rocks legen und nähen, dass die seitlichen Kanten des Überrocks in der vorderen Mitte des Rocks aneinanderstoßen. Den Überrock nach außen umschlagen, die Kante bügeln und einen 3 cm breiten Tunnel nähen.

4. Das Gummiband einziehen, die richtige Weite bestimmen und die beiden Enden des Gummibands passend zusammennähen.

5. Die untere Kante des Rocks 2-mal 1 cm breit nach links umbügeln und absteppen.

Anleitung für das Kopftuch auf S. 33.

MATERIAL

- *Weißer Stoff:*
  (Maße = Breite oben x Breite unten x Höhe, s.u.)
  1 Trapez im Stoffbruch à 14,5 x 24,5 x 19 cm (15 x 25 x 20 cm/ 15,5 x 25,5 x 21 cm/ 16 x 26 x 22 cm/ 16,5 x 26,5 x 23 cm)
- *Band: 100 cm, ca. 1 cm breit*

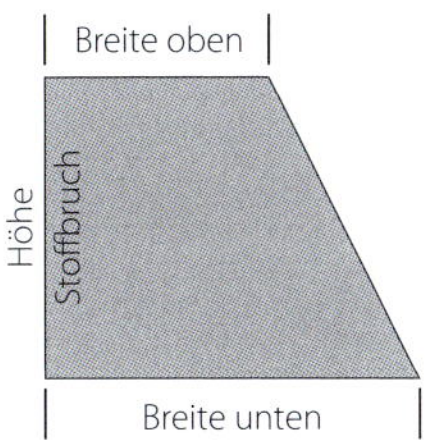

RÜCKENFREI

Mit einem kleinen Trapez-Oberteil wird aus dem Rock ein rückenfreies Kleidchen!

1. Am Trapez die Seiten 2-mal 0,5 cm breit umbügeln und absteppen.
2. Die obere Trapezkante 2-mal 1,5 cm breit umbügeln und absteppen (= Tunnel für das Band, der Umschlag wird an den Seiten nicht festgenäht).
3. Den Rock nach Anleitung (siehe S. 30) nähen. Nach Schritt 2 das Trapez links auf links an die Oberkante des Rocks stecken, sodass die Trapezmitte auf die vordere Mitte trifft.
Dann mit Schritt 3 fortfahren, dabei liegt der Überrock dann rechts auf rechts auf dem Trapez.
4. Den Überrock nach außen über den Rock schlagen, das Trapez nach oben umschlagen und am Bund einen 3 cm langen Tunnel absteppen. Das Gummiband und das Band am Hals einziehen.

MATERIAL UND ZUSCHNITT

- *2 unterschiedliche Stoffe:*
  2 rechtwinklige Dreiecke von 42,5 cm (lange Seite) mal 30 cm.
- *Schrägband mit Häkelkante: 100 cm*

DAS KOPFTUCH

Dieses beidseitig tragbare Kopftuch ist das i-Tüpfelchen zum Rock oder Kleid.

1. Die beiden Dreiecke rechts auf rechts aufeinanderstecken und die kurzen Seiten zusammennähen. Die Nahtzugaben an der Ecke zurückschneiden und das Tuch wenden.
2. Die lange Seite des Dreiecks mit dem Schrägband einfassen (siehe S. 11), dabei trifft die Mitte des Bands auf die Mitte des Dreiecks. Rechts und links vom Tuch das Schrägband als Bindeband weiterführen und zusammennähen.

Poppige Hose

Bequeme weite Hose für quirlige kleine Racker!

GRÖSSEN

6 Monate, 1 Jahr, 18 Monate, 2 Jahre, 3 Jahre

MATERIAL

- *Babycord oder Leinen: 40 cm (45/50/55/60 cm)*
- *Gemusterter Stoff: 15 cm*
- *Doppelseitig aufbügelbares Vlies für die Applikationen: 10 x 20 cm*
- *Knopfloch-Gummiband: 50 cm*

Schnittteile auf Bogen 2 und Vorlage für die Applikation auf S. 37

ZUSCHNEIDEN

1. Die Hose 2-mal im Stoffbruch zuschneiden, vorderes und rückwärtiges Hosenteil sind identisch.

2. Aus dem gemusterten Stoff zwei Flicken auf den Knien applizieren, dabei auf den Musterverlauf achten (siehe S. 12).

NÄHEN

1. Die Hosenteile rechts auf rechts legen und die Seitennähte schließen.

2. Aus dem gemusterten Stoff zwei 3 cm breite Streifen in der Länge der unteren Hosenbeinkanten zuschneiden. Die Streifen jeweils an einer Längskante 1 cm breit nach links umbügeln. Die nicht gebügelten Kanten rechts auf rechts und mit 0,5 cm Nahtbreite auf die Hosenbeinkanten steppen. Die Streifen nach innen wenden und entlang des eingebügelten Bruchs feststeppen.

3. Die inneren Beinnähte rechts auf rechts schließen und die Nahtzugaben an der Rundung vor dem Versäubern einschneiden. Ein regulierbares Bündchen arbeiten (siehe S. 13).

TIPPS UND TRICKS

Die Hose für kalte Tage füttern. Dazu die Hose einfach aus unterschiedlichen Stoffen 2-mal nähen, allerdings ohne Beinstreifen und ohne Bündchen. Dann die Hosen rechts auf rechts ineinanderschieben, die unteren Hosenbeinkanten aufeinandernähen, wenden und das regulierbare Bündchen arbeiten.

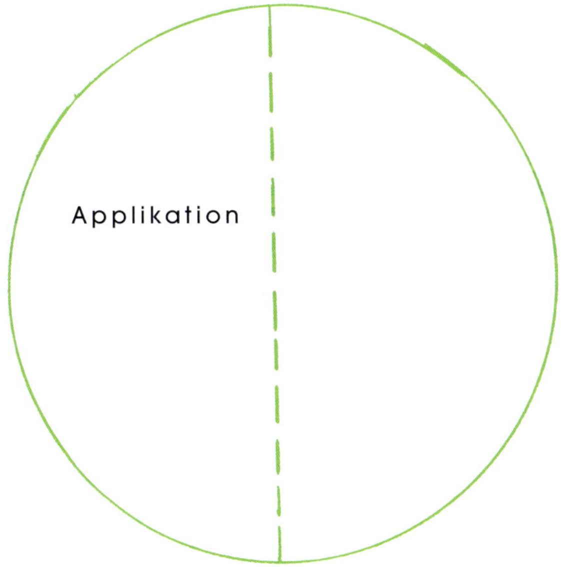

SHORTS UND BLOOMERS

Mit wenigen Änderungen wird die Hose zu Shorts oder Bloomers.

Für die kürzeren Hosen braucht man weniger Stoff: 35 (35/40/40/45) cm. Die Größen, die anderen Materialien und Erläuterungen sind ansonsten dieselben wie für die poppige Hose:

1. Für die Shorts die Applikation in der Mitte durchschneiden und nach Schritt 2 (Annähen der Streifen) auf die Hosenbeinsäume nähen (siehe Foto links).

2. Für die Bloomers vor dem Schließen der Seitennähte die Applikationen an den Seiten auf die Vorderteile nähen, sodass sie wie „Taschen" aussehen.

3. Vor dem Schließen der inneren Beinnähte jeweils ein schmales Gummiband (etwa 20/23/26/29/32 cm lang und 0,5 cm breit) in den Stoffstreifen am Hosenbeinsaum einziehen. Die Gummibandenden fixieren und in der Innenbeinnaht mitfassen. Zusätzlich je einen Zierknopf auf die Seitennaht am Hosenbeinsaum nähen.

TIPPS UND TRICKS

Für eine Kniehose die Shorts verlängern und einen Knopfriegel (Anleitung auf S. 12 und Vorlage auf S. 62) auf jede Seite nähen.

Sie können auch mit dem Schnittmuster des Matrosenhemds (siehe S. 40) ein passendes sommerliches Oberteil nähen, indem Sie den leichten Baumwollstoff der Applikation statt des Jerseys verwenden und an den Ärmeln Knopfriegel anbringen.

TIPPS UND TRICKS

Verwenden Sie zum Applizieren leuchtend buntes Nähgarn!

Gekräuselte Haremshose

Der breite, wattierte Bund, Kräuselfalten und kleine Bindeschleifen machen diese Hose zu etwas ganz Besonderem ...

GRÖSSEN

6 Monate, 1 Jahr, 18 Monate, 2 Jahre, 3 Jahre

MATERIAL

- *Einfarbiger Stoff: 15 cm*
- *Gemusterter Stoff: 40 cm (45/45/50/50 cm)*
- *Dünner Molton: 15 cm*
- *Kordel für die Knopfschlingen: 15 cm, halbiert*
- *2 große Knöpfe*

Schnittteile auf Bogen 2

ZUSCHNEIDEN

1. 2-mal die Hosenteile im Stoffbruch (vorderes und rückwärtiges Hosenteil sind identisch) aus dem gemusterten Stoff zuschneiden. Den Hosenbund im Stoffbruch 2-mal aus dem einfarbigen Stoff und 1-mal aus Molton zuschneiden. Vom Molton an einer Längskante 1 cm abschneiden.

2. Aus dem Stoff mit Muster 2 Streifen à 4 x 100 cm für die Bindebänder zuschneiden.

DER GESTEPPTE BUND

1. Die einfarbigen Rechtecke an einer Längskante 1 cm breit nach links umbügeln, dann rechts auf rechts aufeinanderlegen und darauf den Molton legen, dabei eine umgebügelte Kante über den Molton falten. Die Seitennähte und die obere Naht (= ungebügelte Kante) schließen, dabei auf einer Seite die Knopfschlingen (Schlaufen nach innen) zwischen die einfarbigen Rechtecke schieben und mitfassen. Wenden und sorgfältig bügeln.

2. Parallele Linien im Abstand von 1 cm der Länge nach auf den Bund steppen, dabei am unteren Rand mindestens 2 cm frei lassen.

DIE HOSENBEINE

1. Die Seitenkanten der Hosenteile rechts auf rechts legen und zusammennähen: die eine Seite von der oberen Kante bis 8 cm vor der unteren Kante, die andere Seite ab 8 cm von der oberen bis 8 cm vor der unteren Kante.

2. Die offenen Bereiche an den Seitenkanten schmal säumen.

3. Die inneren Beinnähte rechts auf rechts schließen.

4. Die unteren Hosenkanten auf die gewünschte Weite einkräuseln (siehe S. 10). Die Streifen für die Bindebänder wie Schrägband verarbeiten (siehe Seite 11) und damit die unteren Hosenkanten einfassen. Dabei trifft jeweils die Bandmitte auf die innere Beinnaht. Beim Absteppen die Naht bis zum Ende der Bindebänder weiterführen und so die Bandkanten zusammennähen.

ZUSAMMENSETZEN

1. Die obere Hosenkante auf die Weite des wattierten Bundes minus 8 cm einkräuseln. Diese gekräuselte Kante in den unten offenen Bund schieben, dabei eine Seite an der Bundseite ohne Schlingen ausrichten, die zweite Seite hört 8 cm vor der anderen Bundseite auf.

2. Die untere Bundkante absteppen, dabei die Hose mitfassen. Die Knöpfe so annähen, dass die Bundenden 8 cm überlappen.

TIPPS UND TRICKS

Sie können auch gekauftes Schrägband in einer kontrastierenden oder passenden Farbe als Bindebänder verwenden.

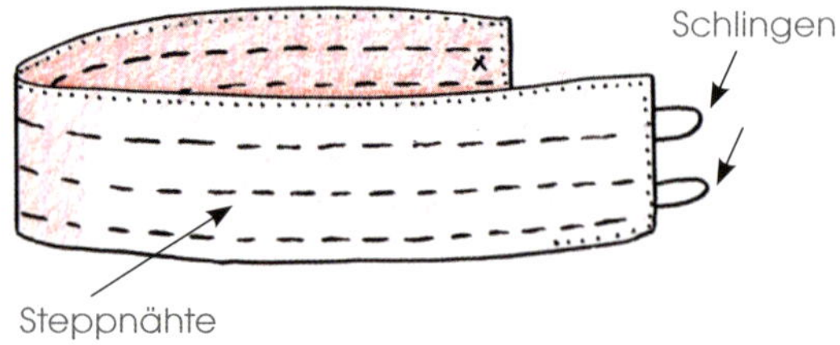

Allround-Matrosenhemd

In diesem Hemd aus etwas dickerem Jersey übersteht Ihr Kind die wildesten Abenteuer.

GRÖSSEN

6 Monate, 1 Jahr, 18 Monate, 2 Jahre, 3 Jahre

MATERIAL

- *Jersey: 35 cm (40/45/50/55 cm)*
- *Schrägstreifen mit Muster: 140 cm bis 220 cm, je nach Größe*
- *2 einschlagbare Druckknöpfe*
- *Buchstaben-Stempel, Stofffarbe (nach Belieben)*

Schnittteile auf Bogen 1

TIPPS UND TRICKS

Aus gemustertem Baumwollstoff wird das Matrosenhemd zu einem lässigen (siehe S. 37), aus einfarbigem Leinen zu einem eher klassischen Shirt. Mit Buchstaben-Stempeln und Textilfarbe aufgedruckte Wörter oder Sätze verleihen dem Hemd eine ganz persönliche Note.

ZUSCHNEIDEN

Je 1-mal das Vorderteil und 1-mal das Rückenteil im Stoffbruch zuschneiden, die Ärmel 2-mal zuschneiden. Beim Zuschneiden auf den Streifenverlauf achten.

NÄHEN

1. Zuerst jede Schulter, dann die Halsausschnitte mit Schrägstreifen einfassen (siehe S. 11), dabei an den Halsausschnitten die Enden der Streifen vor dem Annähen 0,5 cm breit nach links umschlagen.
2. Das Vorderteil an den Schultern 2,5 cm weit über das Rückenteil (linke Seiten nach unten) legen und die Teile fixieren.
3. Die Ärmel rechts auf rechts auf Vorder- und Rückenteil legen, sodass die Ärmelmitte jeweils auf eine Schulterkante des Vorderteils trifft. Die Ärmel annähen.
4. Die unteren Ärmelkanten mit Schrägstreifen einfassen.
5. Die Seiten- und Ärmelnähte rechts auf rechts schließen.

FERTIGSTELLEN

1. Die untere Hemdkante 2 cm nach links umbügeln und den gefalteten Schrägstreifen so unter die Kante stecken, dass nur ein halber Zentimeter des Streifens zu sehen ist, dabei den Anfang des Streifens 0,5 cm breit nach links einschlagen und das Ende in den Anfang schieben. Den Saum absteppen, dabei den Schrägstreifen festnähen.
2. Die Druckknöpfe an den Schultern anbringen (Herstellerhinweise beachten) und nach Belieben Buchstaben aufdrucken.

DINO

Rucksack

Vor dem Spaziergang schnell ein paar Kekse und das liebste Kuscheltier in den fröhlichen Rucksack gepackt!

MATERIAL UND ZUSCHNITT

- *Gestreifter Stoff (fester Baumwollstoff, Cord ...): 40 cm. Zuschnitt: 2-mal 37 x 32 cm und 1-mal 22 x 32 cm (= Außentasche mit Querstreifen)*
- *Gemusterter Baumwollstoff für das Futter: 40 cm. Zuschnitt: 2-mal 37 x 32 cm, 1-mal 24 x 32 cm und 2-mal die Klappe (Vorlage S. 63)*
- *Gepunkteter Stoff: 25 x 15 cm. Zuschnitt: 2-mal den Knopfriegel (Vorlage S. 62)*
- *Sehr dünner Molton: 20 x 25 cm. Zuschnitt: 1-mal die Klappe*
- *Aufbügelbare Einlage: 25 x 10 cm. Zuschnitt: 1-mal den Knopfriegel*
- *Gurtband: 2 m*
- *Borte oder Kordel: 1 m*
- *1 großer Knopf, 1 Kordelstopper, 3 große Ösen.*

Vorlagen für Klappe und Knopfriegel auf S. 62–63

DIE TASCHE

Die 2 kleinen Rechtecke aus Außenstoff und Futter rechts auf rechts legen und die obere Kante (= lange Seite) absteppen. Wenden, die Nahtzugaben nach oben bügeln und den Futterstoff um die Kante bügeln, siehe Foto, und absteppen.

ZUSAMMENSETZEN DER TASCHEN

1. Die Tasche links auf rechts unten auf eines der gestreiften Rechtecke stecken und das zweite gestreifte Rechteck rechts auf rechts darauflegen. Die untere Naht und die Seitennähte schließen. Wenden und bügeln. Die beiden Futterrechtecke entsprechend aufeinandernähen, aber nicht wenden.

2. In der Mitte des Rechtecks mit der aufgesetzten Tasche 2 cm vom oberen Rand entfernt eine Öse einschlagen.

DIE KLAPPE

1. Eines der Teile für den Knopfriegel mit Einlage verstärken, rechts auf rechts das zweite Teil darauflegen und bis auf die gerade kurze Kante rundherum steppen. Wenden, rundherum knappkantig absteppen und ein Knopfloch (je nach Größe des Knopfes) an die Spitze nähen.

2. Die beiden Klappen rechts auf rechts legen, den Molton darauflegen, den Knopfriegel in der Mitte der Rundung zwischen die beiden Stofflagen schieben (Spitze zeigt nach innen) und die gesamte Rundung steppen. Nahtzugaben einschneiden (siehe S. 10), wenden, bügeln und knappkantig absteppen, falls erforderlich.

FERTIGSTELLEN

1. Das Gurtband in 2 Stücke teilen und mit je ca. 1,5 cm Abstand zur Mitte auf den Rücken des Außenbeutels (rechte Seite) stecken, dabei liegen die Bandenden an der Stoffkante. Die Klappe rechts auf rechts darüber feststecken (Schnittkanten liegen aufeinander, Abstand zu den Seitennähten ist gleich).

2. Beide Beutel rechts auf rechts ineinanderschieben, den oberen Rand bis auf eine Wendeöffnung zusteppen. Wenden, das Futter in den Beutel schieben und den oberen Rand schmal und 2 cm breit (= unterhalb der Öse) absteppen. So wird auch die Wendeöffnung geschlossen.

3. Das Band (Kordel) durch den Tunnel ziehen, die beiden Kordelstopper aufziehen und die Bandenden verknoten.

4. 2 Ösen in die rechte und linke untere Ecke des Beutels setzen, die Gurte durchschieben und vor dem Verknoten die Länge regulieren.

5. Knopf passend annähen, Buchstaben aufdrucken.

MEINE LIEBLINGSSACHEN

Warmer Poncho

Ein superweicher Poncho zum Einmummeln, wenn die Tage kühler werden. Ist im Handumdrehen fertig!

GRÖSSEN

6/12 Monate, 2/3 Jahre

MATERIAL

- *Walkstoff: 90 cm (110 cm) Falls Ihr Stoff keine Muster-/Strichrichtung hat, brauchen Sie nur 55 cm (70 cm)*
- *Borte. 90 (115) cm*
- *Spitze, Knöpfe ...*
- *Gemusterter Stoff für die Tasche: 20 x 40 cm*
- *2 Metallschließen*

Vorlage für die Tasche auf S. 63

1. 1 Rechteck à 55 x 90 cm (70 x 110 cm) aus Walkstoff zuschneiden. Das Rechteck genau ab der Mitte der unteren Kante der Länge nach 50 (60) cm weit einschneiden (siehe Skizze unten).

2. Das Ende des Schnitts (Halsausschnitt) rechtwinklig zur Öffnung mit einem kurzen Stück Borte verstärken, um zu verhindern, dass der Stoff ausreißt.

3. 5 cm von der unteren Kante entfernt über die gesamte Breite des Rückens ein Stück Borte aufnähen. Diesen Schritt mit einem der Vorderteile wiederholen. Die untere Kante sorgfältig bis zur Borte bzw. 5 cm weit in etwa 0,5 cm breite Fransen schneiden.

4. 2-mal die Tasche zuschneiden (Vorlage S. 63). Die Stoffteile rechts auf rechts aufeinandersteppen, am unteren Rand eine kleine Öffnung lassen, Nahtzugaben zurück- und einschneiden, wenden und bügeln. Die Tasche auf ein Vorderteil steppen.

5. Den Poncho der Länge nach zur Hälfte falten und 15 (20) cm unterhalb der Mitte an beiden Seiten in die Vorderteile je 1 Knopfloch und 2 lustige Knöpfe gegenüberliegend auf das Rückenteil nähen: So kann der Poncho unter den Armen geschlossen werden.

6. Die beiden Schließen in der gewünschten Höhe auf die Vorderteile nähen. Probieren Sie aus, wo sie den Poncho am besten zusammenhalten.

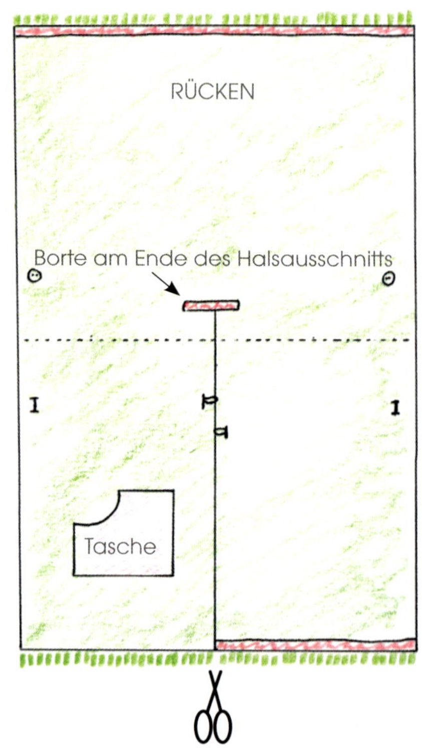

TIPPS UND TRICKS

Mit Webpelz gefüttert und mit einer Kapuze (siehe Badetuch S. 54) wird der Poncho wintertauglich.

Kapuzenjacke

Diese sportliche Kapuzenjacke mit den lustigen Taschen wird Ihr Kind so schnell nicht wieder ausziehen!

GRÖSSEN

6 Monate, 1 Jahr, 18 Monate, 2 Jahre, 3 Jahre

MATERIAL

- *Fleece (oder Walkstoff, beschichtete Baumwolle ...): 70 cm (75/80/85/90 cm)*
- *Andersfarbige Fleecereste: 15 x 25 cm*
- *Gemusterte Baumwolle: 40 cm*
- *1 Reißverschluss: 25 cm (30/30/35/35 cm)*
- *0,5 cm breites Gummiband: 80 cm*

Schnittteile auf Bogen 1 und 2, Vorlage für die Taschen auf S. 63

ZUSCHNEIDEN UND NÄHEN

Aus Fleece je 2-mal das Vorderteil und die Ärmel und 1-mal das Rückenteil im Stoffbruch zuschneiden. Aus Fleece und Baumwolle je 2-mal die Seitenteile und 1-mal den Mittelstreifen der Kapuze zuschneiden.

DIE TASCHEN

1. Die Taschen (2 gegengleiche ohne zusätzliche Nahtzugaben) aus Fleece zuschneiden. 2 Streifen à 4,5 x 10,5 cm aus Baumwolle zuschneiden und damit wie mit einem Schrägstreifen die geraden Taschenkanten einfassen (siehe S. 11).

2. Die Enden der Streifen nach links einschlagen und die Taschen auf die Vorderteile steppen. (Ein Saum ist bei Fleece nicht erforderlich!)

DIE KAPUZE

1. Die Seitenteile der Kapuze rechts auf rechts an den Mittelstreifen steppen, beim Futter genauso. Die Kapuzen rechts auf rechts ineinanderschieben und bis auf die untere Kante zusammennähen.

2. Wenden und 1,5 cm breit absteppen. Das Gummiband in den entstandenen Tunnel ziehen, etwas zusammenziehen und die Gummibandenden feststeppen.

3. Die Schulternähte der Jacke rechts auf rechts schließen. Die Mitte der Kapuze rechts auf rechts auf die Mitte des Rückenteils stecken und feststeppen, dabei alle 3 Stofflagen erfassen. Nahtzugaben bis zu den vorderen Kanten nach links einschlagen und absteppen. Den Kapuzenansatz eventuell mit einem Schrägstreifen abdecken.

DER REISSVERSCHLUSS

Die vorderen Fleecekanten 1 cm breit nach links umschlagen, am oberen Reißverschlussende das Band nach rechts umschlagen, den Reißverschluss (Zähnchen nach oben) unter die umgebügelte Fleecekante stecken, sodass nur die Zähnchen herausgucken und den Reißverschluss mit dem Reißverschlussfuß feststeppen. Unterhalb vom Reißverschluss bleibt noch ein Stück für den Saum frei, hier trotzdem weiternähen um den Umschlag zu fixieren. Diesen Schritt an der anderen Seite wiederholen, dabei darauf achten, dass die Reißverschlussbänder auf gleicher Höhe sitzen.

FERTIGSTELLEN

1. Die Ärmel rechts auf rechts an die Jacke nähen. 2 gemusterte Stoffstreifen (5 cm breit) in derselben Länge wie die unteren Ärmelkanten zuschneiden, jeweils eine Längskante 1 cm breit nach links umbügeln, den Streifen mit der nicht gebügelten Kante rechts auf links an die Ärmelkante nähen, nach außen wenden und an der umgebügelten Kante feststeppen. Ein Gummiband einziehen, die Kante leicht zusammenziehen und die Bandenden festnähen.

2. Die Ärmel- und Seitennähte schließen.

3. Die untere Jackenkante 2 cm breit nach links umschlagen und absteppen. Nach Belieben eine Kordel einziehen.

TIPPS UND TRICKS

Klassisch aus Wolle mit Liberty-Stoff gefüttert, wasserdicht aus beschichteter Baumwolle, schön warm mit Webpelz gefüttert: Sie haben die Qual der Wahl bei diesem Allround-Schnitt.

Elegante Hose

Ein absolutes Lieblingsstück in der Garderobe Ihres Kindes: Applikationen, Borten, Steppnähte ... Seien Sie kreativ!

GRÖSSEN

6 Monate, 1 Jahr, 18 Monate, 2 Jahre, 3 Jahre

MATERIAL

- *Cord (oder Leinen): 45 cm (50/55/60/65 cm)*
- *Gemusterter Stoff für den Bund: 5 cm*
- *Schrägstreifen: 75 cm (80/85/85/90 cm)*
- *Knopfloch-Gummiband: 50 cm*
- *Borte: 10,5 cm*

Schnittteile auf Bogen 1 und Vorlage für die Tasche auf S. 64

ZUSCHNEIDEN

2-mal das vordere und 2-mal das rückwärtige Hosenteil zuschneiden.

DIE TASCHE

Die Tasche (Vorlage S. 64) mit 1 cm Naht- und Saumzugaben zuschneiden. An der Oberkante einen Saum umbügeln und die Borte aufsteppen, um den Saum zu fixieren. Die anderen Kanten 1 cm breit nach links umbügeln, dann die Tasche an gewünschter Stelle auf ein hinteres Hosenteil steppen.

NÄHEN

1. Die Seiten eines rückwärtigen und eines vorderen Hosenteils rechts auf rechts aufeinandernähen, mit dem anderen Bein wiederholen.

2. Die unteren Hosenbeinkanten mit Schrägstreifen einfassen (siehe S. 11). Rechts auf rechts die inneren Beinnähte schließen.

3. Die beiden Hosenbeine rechts auf rechts ineinanderschieben und die Schrittnaht schließen.

4. Ein regulierbares Bündchen annähen (siehe S. 13).

DIE IDEALE ERGÄNZUNG

Die Anleitung für das Sweatshirt finden Sie auf S. 26.

TIPPS UND TRICKS

Durch Kürzen der Hosenbeine hat man im Handumdrehen Shorts und mit Knopfriegeln (Vorlage S. 62) an den Hosenbeinen eine Pumphose. Für Mädchen kann man die unteren Beinkanten vor dem Aufnähen des Schrägbands etwas einkräuseln.

Lustige Kappe

Pfiffiger Hut, der dem Kopf Ihres Kindes im Sommer und im Winter guten Schutz bietet.

GRÖSSEN

6 Monate, 1 Jahr, 18 Monate, 2 Jahre, 3 Jahre

MATERIAL

- *Fester Stoff (Jeans): 20 cm*
- *Gemusterter Stoff für das Futter: 20 x 80 cm*
- *Feste Einlage zum Aufbügeln: 25 x 15 cm*
- *Zierknöpfe*

Vorlagen für Schirm und Kappenteil auf S. 64

ZUSCHNEIDEN

Je 6-mal das Kappenteil aus beiden Stoffen und 2-mal den Schirm aus festem Stoff zuschneiden. 1-mal den Schirm aus Einlage zuschneiden.

DER SCHIRM

1. Die Einlage zum Verstärken auf einen der Schirme bügeln.
2. Die Schirme rechts auf rechts legen und die lange Rundung steppen, die Nahtzugaben einschneiden, wenden und bügeln, nach Belieben absteppen.
3. Jeweils 3 der Kappenteile rechts auf rechts aneinandersteppen, dabei an der Spitze nicht bis zur Kante nähen, sondern die Nahtzugaben (= 0,7 cm) offen lassen. Eventuell die Nahtzugaben in eine Richtung legen und die Nähte schmal absteppen. Die beiden Kappenhälften dann ebenfalls rechts auf rechts zusammensteppen: Die erste Kappe ist fertig. Diese Schritte mit den Futterteilen wiederholen.

ZUSAMMENSETZEN

1. Den Schirm rechts auf rechts auf die Außenkappe stecken, dabei trifft die Mitte des Schirms auf eine der Nähte.
2. Die Futterkappe rechts auf rechts auf die Außenkappe stecken, der Schirm liegt innen zwischen den Kappen. Die Kappen rundum zusammennähen, dabei am hinteren Rand eine kleine Öffnung zum Wenden lassen, wenden.
3. Das Futter in die Kappe schieben und den Rand rundherum absteppen, so wird die kleine Öffnung geschlossen. Die Knöpfe annähen.

DAS GEWISSE ETWAS

Ersetzt man den gemusterten Futterstoff durch Webpelz, wärmt die Mütze sogar an kalten Wintertagen. Aus Blümchenstoff genäht setzen auch kleine Mädchen die Kappe gerne auf, vor allem, wenn man sie mit einer kleinen Schleife oder einer Häkelblume verziert.

Nachtwäsche

Hübsch angezogen für die Nacht träumt es sich besonders schön.

GRÖSSEN

6 Monate, 1 Jahr, 18 Monate, 2 Jahre, 3 Jahre

Nachthemd

MATERIAL

- *Baumwolle: 35 cm (40/45/50/45 cm)*
- *Gemusterter Stoff: 20 cm (25/25/25/25 cm)*
- *Band oder Borte: 7 cm*
- *1 Knopf*

Schnittteile auf Bogen 2 und Vorlage für die Flügelärmel auf S. 62

Schlafanzug

- *Baumwolle (oder Baumwollflanell, Jersey ...): 100 cm (110/120/130/140 cm)*
- *Knopfloch-Gummiband: etwa 50 cm*
- *Band oder Borte: 7 cm*
- *1 Knopf*

Schnittteile auf Bogen 2

DAS NACHTHEMD

1. Nach der Anleitung für die Tunika auf S. 24 zuschneiden, dabei den Schnitt für das Unterteil um 12 cm (15/18/21/24 cm) verlängern und statt der Ärmel 4-mal den Flügelärmel (Vorlage S. 62) zuschneiden. Passenteile aus gemustertem Stoff, Unterteile und Ärmel in Uni zuschneiden.

2. Je 2 Ärmelteile rechts auf rechts an den runden Kanten mit 0,7 cm Nahtzugabe zusammensteppen. Wenden und bügeln. Die lange Kante jeweils auf die gewünschte Weite einkräuseln (siehe S. 10).

3. Die Passe nähen (siehe S. 24, Passe Punkt 1 und 2). Die Stoffe rechts auf rechts lassen, die Flügelärmel in Schulterhöhe zwischen die beiden Stofflagen schieben. Die Mitte der gekräuselten Kante liegt jeweils auf einer Schulternaht.

Die Armausschnittkanten steppen. Dann die Passe wenden, dazu die Vorderteile durch die Schulternähte ziehen. Die Seitenkanten rechts auf rechts aufeinandersteppen, dabei treffen jeweils die Enden der Armausschnitte aufeinander. Die Passe bügeln.

4. Die Unterteile an den Seiten rechts auf rechts zusammennähen, die obere Kante auf die Weite der Passe einkräuseln. Unterteile rechts auf rechts an die Passe nähen, dabei stoßen die Vorderkanten der Passe in der Mitte aneinander ohne sich zu überlappen.

5. Die untere Kante des Nachthemds 2-mal 1 cm breit umbügeln und absteppen. Den Knopf annähen.

DER SCHLAFANZUG

Für das Oberteil die Anleitung des Sweatshirts auf S. 26 und für die Hose die Anleitung der poppigen Hose auf S. 34 verwenden. Zögern Sie nicht, die Nachtwäsche eine Nummer größer zu nähen, damit sie schön bequem ist.

TIPPS UND TRICKS

Kurze Ärmel und eine kurze Hose für den Sommer, kuscheliger Flanell für kalte Nächte: Sie können die Modelle ganz einfach den Bedürfnissen Ihres Kindes anpassen!

Badetuch mit Blümchen

In dieses große Badetuch mit Kapuze kann sich Ihr Kind nach dem Baden kuschelig warm einmummeln.

GRÖSSEN

6/12 Monate, 2/3 Jahre

MATERIAL

- *Frottier: 65 cm (75 cm)*
- *Gemusterter Stoff: 20 x 60 cm (25 x 70 cm)*
- *Schrägstreifen: 4 m (5 m)*

1. Aus dem Frottier 1 Rechteck à 55 x 90 cm (70 x 110 cm) zuschneiden. Das Rechteck genau in der Mitte der unteren Kante (27,5/35 cm von einer Seite entfernt) der Länge nach 50 (60) cm weit einschneiden. Alle 6 Ecken mithilfe einer kleinen Schüssel abrunden (siehe Skizze).

2. Aus Frottier und aus dem gemusterten Stoff je 1 Rechteck à 20 x 60 cm (25 x 70 cm) zuschneiden. Jedes Rechteck rechts auf rechts zur Hälfte falten, sodass die Schmalseiten aufeinanderliegen, und eine der langen Seiten des Rechtecks steppen: Sie erhalten die rückwärtige Kapuzennaht. Die Kapuzen ineinanderschieben und die lange Außenkante steppen. Wenden und bügeln.

3. Die Kapuze rechts auf rechts und Blümchenstoff auf Frottier mit der rückwärtigen Naht auf das obere Ende der Öffnung des großen Rechtecks legen und die Seiten steppen, dabei darauf achten, beide Kapuzenstoffe zu erfassen.

4. Das Badetuch rundherum mit Schrägband einfassen (siehe S. 11). Dabei wird auch die Kapuzennaht verdeckt.

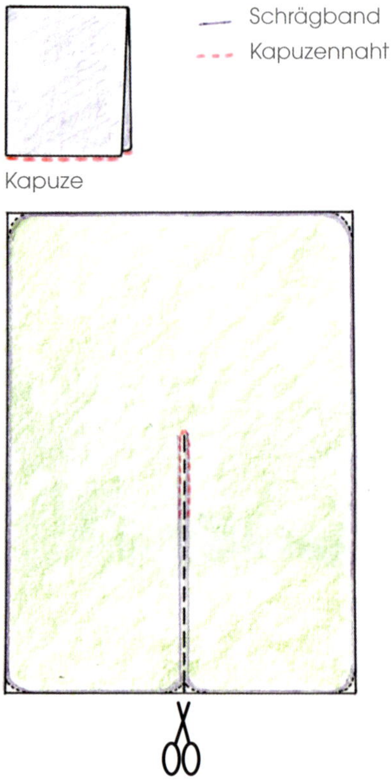

TIPPS UND TRICKS

Sie können die Größe des Badetuchs ganz nach Belieben verändern oder es hübsch mit einer Applikation, zum Beispiel im Rücken, verzieren. Und wer ist dann der Schönste im ganzen Schwimmbad?

Pfiffige Blusenschürze

Rundherum schützendes Lätzchen für erste Mahlzeiten im Alleingang oder Schürze für angehende Künstler: ein superpraktisches Teil für viele Gelegenheiten.

GRÖSSEN

6 Monate, 1 Jahr, 18 Monate, 2 Jahre, 3 Jahre

MATERIAL

- *Wasserdichter Stoff: 55 cm (60/70/80/90 cm)*
- *Schrägstreifen: 155 cm bis 2,5 m, je nach Größe*
- *schmales Gummiband: 21 cm (22/23/24/25 cm), halbiert*

Schnittteile auf Bogen 2

ZUSCHNEIDEN

1-mal das Vorderteil im Stoffbruch, 2-mal das Rückenteil (für die Schürze ohne Knopfleiste) und 2-mal die Ärmel zuschneiden.

NÄHEN

1. Mithilfe einer kleinen Schüssel die unteren Ecken in der hinteren Mitte abrunden (siehe Foto unten).
2. Die Schulternähte schließen und die Ärmel ansetzen, dabei darauf achten, dass die Ärmel richtig herum eingesetzt werden (Ärmelvorderseite ans Vorderteil).
3. Die Ärmel- und die Seitennähte der Schürze schließen.

FERTIGSTELLEN

1. Die Rückenteile jeweils an der hinteren Mitte und die Unterkante mit Schrägband einfassen (siehe S. 11), dabei an der oberen Kante eines Rückenteils beginnen.
2. Den Halsausschnitt mit Schrägband einfassen und zum Zubinden auf jeder Seite ca. 40 cm Band überstehen lassen. Das überstehende Band beim Absteppen des Halsausschnitts ebenfalls absteppen.
3. Die Ärmelkanten 2 cm breit nach links umschlagen, absteppen und dabei die Naht ein kleines Stück offen lassen. Ein schmales Gummiband in den Tunnel ziehen, die beiden Enden zusammennähen und die Öffnung schließen.
4. Die Schürze nach Lust und Laune mit Applikationen und einem Buchstabenstempel individuell gestalten.

HMMM...LECKER!

ICH HAB' HUNGER!

ZU TISCH!

TIPPS UND TRICKS

Für eine knielange Schürze einfach das Schnittmuster verlängern!

ICH HAB' HUNGER!

Wickeltasche

In dieser großen Umhängetasche bringt man all die Dinge unter, die man unterwegs fürs Baby braucht. Später wird sie dann zur Reise- oder Schultasche.

MASSE

ca. 30 x 40 cm

MATERIAL UND ZUSCHNITT

- *Beschichtete Baumwolle (Cord, fester Baumwollstoff ...) für die Außentasche: 65 cm. Zuschnitt: 3 Rechtecke (A) à 30 x 40 cm, 2 Rechtecke (B) à 20 x 40 cm, 1 Streifen (C) à 10 x 100 cm*
- *Dünnere Baumwolle für die Innentasche: 70 cm. Zuschnitt: 3 Rechtecke (D) à 30 x 40 cm und 1 Rechteck (E) à 22 x 40 cm, 1 Rechteck (F) à 20 x 40 cm, 1 Streifen (G) à 10 x 100 cm*
- *1 teilbarer Reißverschluss: 35 cm (optional)*
- *1 Klickverschluss*
- *Gurtband A in passender Breite zum Verschluss: 20 cm (halbiert)*
- *Gurtband B, 4 cm breit: 110 oder 120 cm, je nach gewünschter Länge (oder 160 cm + eine entsprechende Schnalle + 1 passender Vierkantring, falls der Riemen regulierbar sein soll)*
- *Paspel (optional): 2,5 m*

Schnittteil auf Bogen 1

DIE TASCHEN

1. Eines der Rechtecke B und das Rechteck E rechts auf rechts an der oberen Kante (= Längskante) 1 cm breit aufeinandersteppen. Wenden, die Nahtzugaben nach oben bügeln und das Futter um die Kante schlagen (siehe Foto und Zeichnung 1 und 2). Die obere Kante absteppen: Die Außentasche ist fertig.

2. Die Rechtecke B und F ebenfalls an der Oberkante 1 cm breit rechts auf rechts aufeinandernähen, die Teile wenden und bügeln: Die Innentasche ist fertig.

Außentasche

1

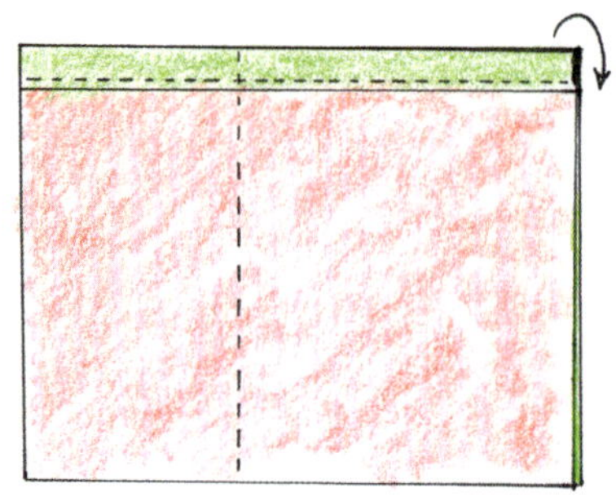

2

TIPPS UND TRICKS

Die Tasche wird stabiler, wenn man sie mit Molton füttert.

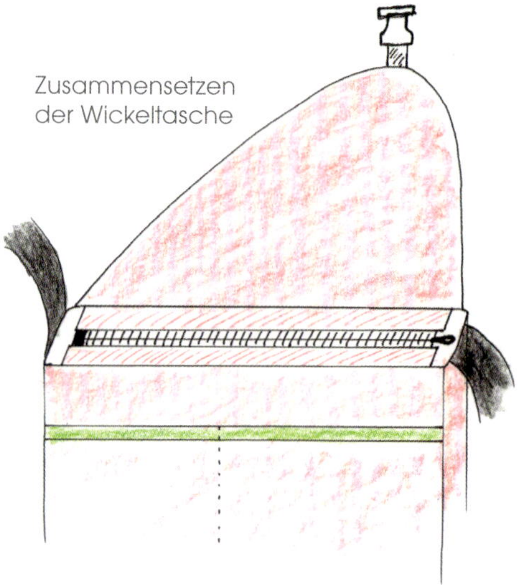

Zusammensetzen der Wickeltasche

ZUSAMMENSETZEN DER BEIDEN TASCHEN

1. Die Außentasche links auf rechts auf eines der beiden Rechtecke A stecken, die unteren Ecken mithilfe einer kleinen Schüssel abrunden und 15 cm vom linken Rand entfernt die Tasche parallel zur Seitenkante absteppen (siehe Zeichnung 2, S. 58): Auf diese Weise erhalten Sie 2 Außentaschen.

2. Die Stücke aus Gurt A je auf einen Teil des Verschlusses fädeln, die Gurtstücke doppelt legen, sodass die Schnittkanten aufeinanderliegen und Schlaufen entstehen, die Schlaufen fixieren.

3. Den Streifen C rechts auf rechts auf das Rechteck A mit Außentasche stecken (an die beiden Seiten und die Unterkante), dabei unten, 10 cm von der rechten Kante entfernt (direkt unter der Rundung der zukünftigen Klappe), ein Verschlussteil mitfassen (die Schlaufe liegt links auf rechts auf Rechteck A und die Schnittkanten der Schlaufe an der Schnittkante des Rechtecks). Falls gewünscht die Paspel (optional) ebenfalls zwischenfassen.

4. Das andere Rechteck A (nach dem Abrunden der unteren Ecken) genauso (aber ohne Verschluss) auf diesen Streifen C nähen. Wenden: Sie erhalten den äußeren Taschenbeutel.

5. Für die Futtertasche die Innentasche links auf rechts auf eines der beiden Rechtecke D stecken, die unteren Ecken mithilfe einer kleinen Schüssel abrunden. Für Unterteilungen eventuell die Innentasche absteppen (s. o.).

6. Den Streifen G wie oben beschrieben an die beiden Rechtecke D nähen, dabei zum Wenden die untere Naht an einem der Rechtecke 25 cm breit offen lassen: Die Futtertasche ist fertig.

DIE KLAPPE

1. Die Klappe aus den beiden letzten Rechtecken zuschneiden (auf die rechte/linke Stoffseite achten, weil die Klappe asymmetrisch ist).

2. Die Klappenteile rechts auf rechts legen, dabei in der Mitte der Rundung das 2. Verschlussteil mitfassen. Die Enden der Schlaufe liegen wieder an der Schnittkante der Klappe, der Verschluss rechts auf rechts auf dem Außenstoff. Falls gewünscht die Paspel (optional) hier ebenfalls zwischenfassen.

Prüfen, ob der Verschluss gut passt, dann die gesamte Rundung absteppen. Die Nahtzugaben einschneiden und die Klappe wenden.

DER REISSVERSCHLUSS (OPTIONAL)

1. Aus dem Futterstoff 4 Streifen à 5 x 37 cm zuschneiden. Zwei dieser Streifen rechts auf rechts legen, dabei eine Seite des Reißverschlusses, die Zähne nach innen, zwischenfassen und die Bandenden im rechten Winkel nach außen falten, sodass sie zwischen den Schnittkanten der Stoffstreifen herausgucken. Diese lange Kante steppen, dann die 2 kurzen Seiten. Die Nahtzugaben zurückschneiden, wenden und bügeln.

2. Mit der anderen Seite des Reißverschlusses und den übrigen Streifen wiederholen, die beiden Seiten zunächst geteilt lassen.

FERTIGSTELLEN

1. Auf die rechte Seite der großen Tasche (Seite ohne die Außentasche) stecken:

- die rechte Seite der Klappe,
- die rechte Seite eines der Streifen mit Reißverschluss, Zähne nach unten.

Und auf die rechte gegenüberliegende Seite (Seite mit der Außentasche):

- die rechte Seite des anderen Streifens mit Reißverschluss.

2. Auf beide Seiten der Tasche rechts auf rechts je ein Gurtbandende stecken, Band- und Stoffkanten liegen aufeinander. Die komplette Außentasche rechts auf rechts in die Futtertasche schieben.

3. Die obere Kante der Tasche steppen, dabei alle Lagen fassen. Die Tasche durch die Öffnung in der Futtertasche wenden und die Öffnung mit unsichtbaren Handstichen schließen.

RIEMEN

Wenn Sie möchten können Sie zur Zierde auf die Mitte des Gurtbands einen Streifen des Baumwollstoffs steppen, dazu die Längskanten eines 4 cm breiten Streifens jeweils 1 cm breit nach links umbügeln.

Für einen verstellbaren Riemen einen 10 x 8 cm großen Streifen aus dem beschichteten Stoff zuschneiden. Die Längskanten 2 cm breit nach links umschlagen und schmal absteppen. Den Vierkantring auf den Streifen fädeln, den Streifen zur Schlaufe legen und diese Schlaufe beim Zusammensetzen der Tasche (siehe „Fertigstellen") statt des einen Gurtendes oben an die Außentasche stecken. Nach dem Wenden der Tasche das freie Gurtende durch die Schnalle, dann durch den Vierkantring und wieder durch die Schnalle fädeln.

Vorlagen

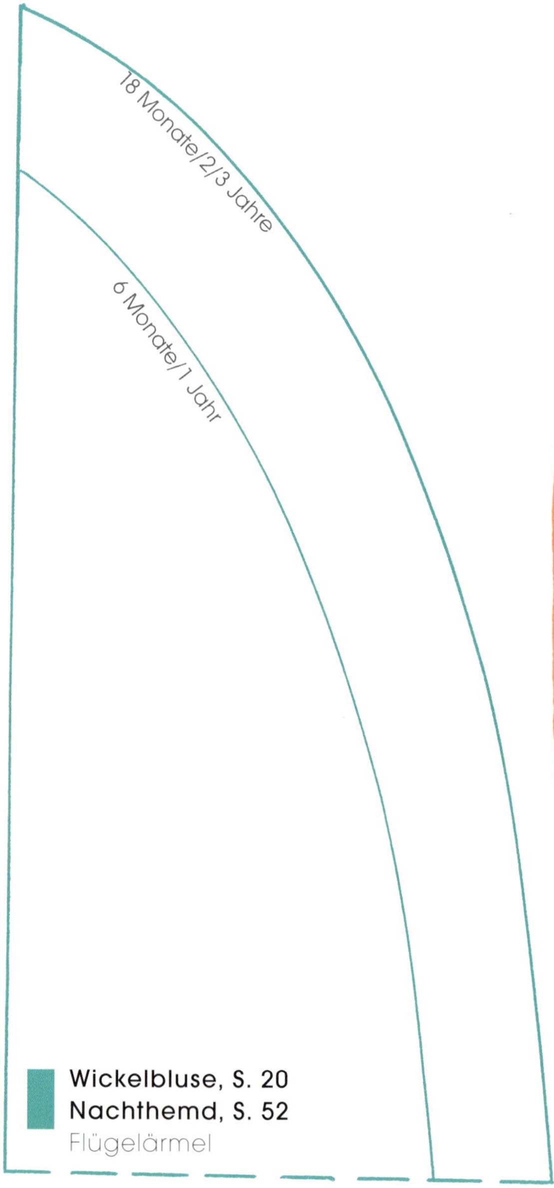
18 Monate/2/3 Jahre
6 Monate/1 Jahr
Wickelbluse, S. 20
Nachthemd, S. 52
Flügelärmel

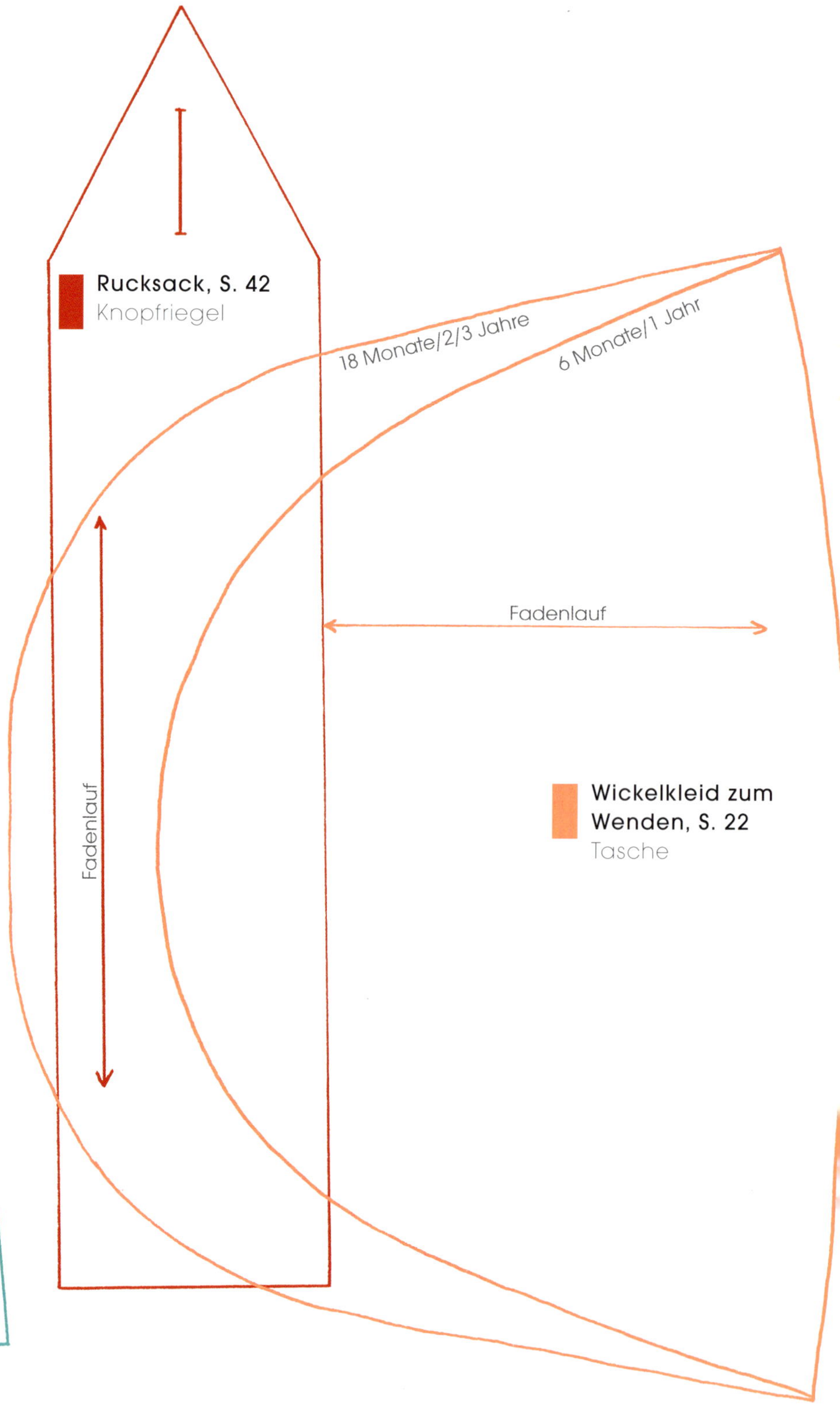
Rucksack, S. 42
Knopfriegel
Fadenlauf
18 Monate/2/3 Jahre
6 Monate/1 Jahr
Fadenlauf
Wickelkleid zum
Wenden, S. 22
Tasche

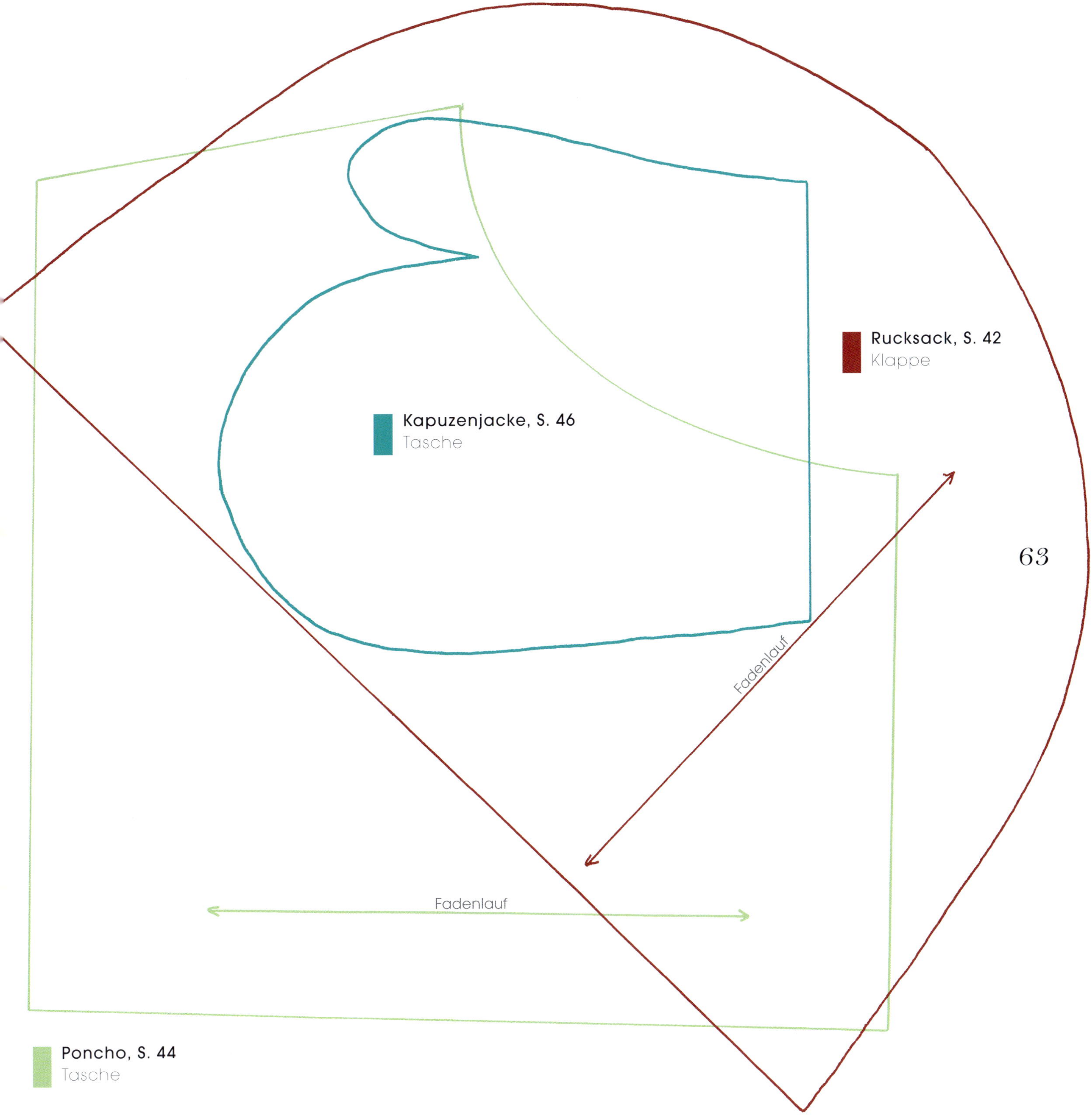
Rucksack, S. 42
Klappe
Kapuzenjacke, S. 46
Tasche
Fadenlauf
Fadenlauf
Poncho, S. 44
Tasche

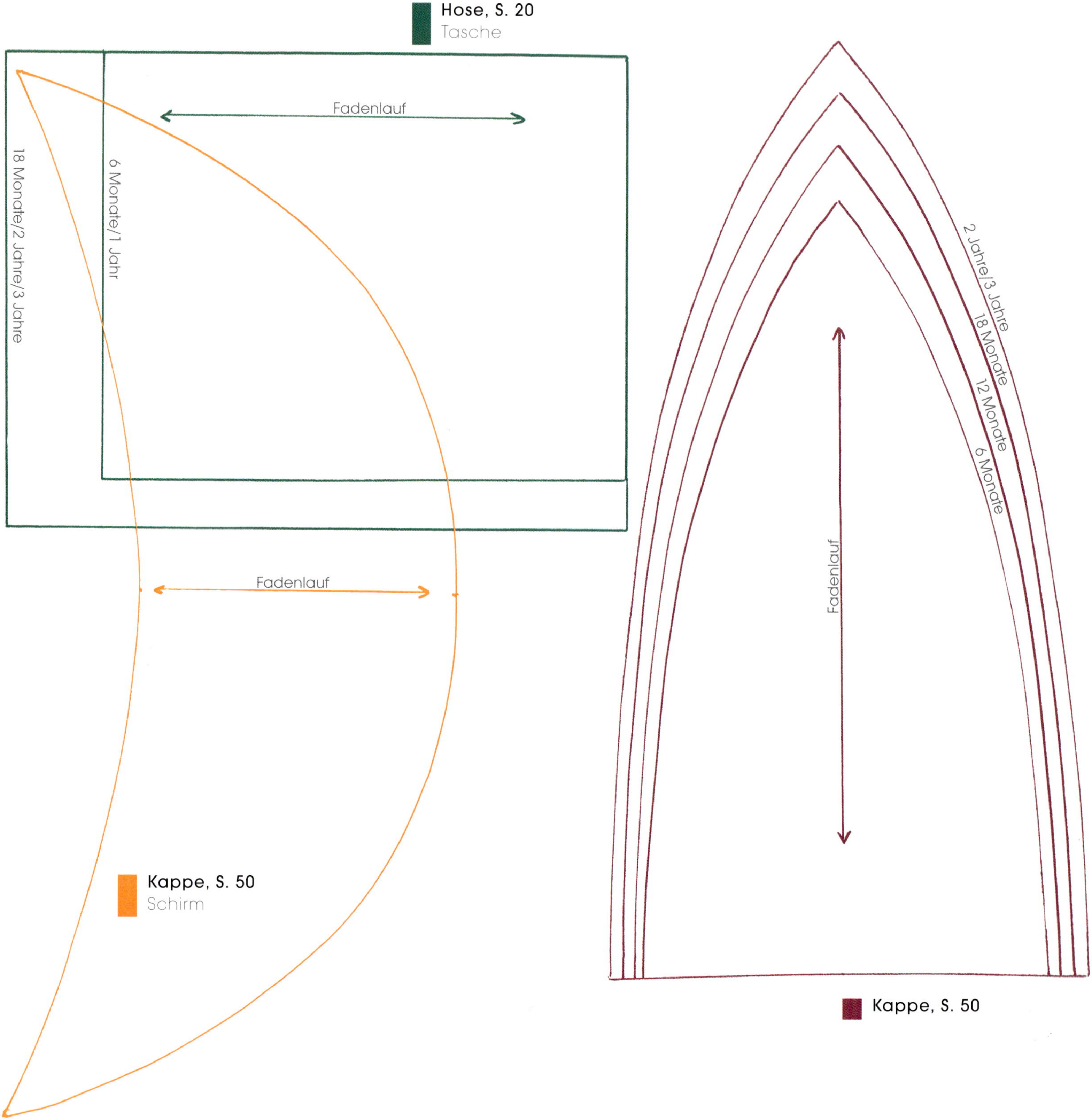
Hose, S. 20
Tasche
Fadenlauf
18 Monate/2 Jahre/3 Jahre
6 Monate/1 Jahr
Fadenlauf
Kappe, S. 50
Schirm
2 Jahre/3 Jahre
18 Monate
12 Monate
6 Monate
Fadenlauf
Kappe, S. 50